Practise Germ...

by Dominik Wexenberger

Practise-book for German learners

Level B2

Practise German while reading

Inhalt

Introduction

First of all thank you for your interest in this book. I hope it will help you a lot and bring you closer to reach your goals regarding the German language. I also would love to read about your experiences with my books, so I would like to invite you to share them with me. Feel free to leave a review on Amazon, send me an email or find my Facebook-page idiomata-german and drop me a comment there. In the end I'm writing these books for you who wants to learn this beautiful language and every comment is welcome as it helps me to better understand your needs and problems with learning it.

I research in the areas of psychology, linguistics and cognition and I'm interested in understanding how the mind works and processes information, specifically but not only in relation to language. On the other side I'm a language teacher and I teach students based on a methodology that is based on my research and my insights in psycho-linguistics and cognition. Over the years my methodology got ever more successful and my schedule got fuller and fuller. People keep coming and coming and I started to collaborate with two other teachers to meet the demand. It is still not enough to teach everyone who wants to take classes and we are looking into possibilities of expansion with idiomata.org and other institutions to offer our services to even more people.

One solution I have found for the moment is to write the book you are currently holding in your hands. I honestly believe that almost everything what is done to teach languages today in language schools, universities and similar institutions is wrong and I want to change it. There are up to 80% of students dropping out of their language-courses before even reaching an A2-level, in many cases never coming back and giving up the study of foreign languages entirely. The number of people I have met in the past years who think they are too stupid to learn languages is shocking and outrageous. It's a shame because I believe that is a beautiful experience for the human mind to learn and understand a second, a third, a fourth language and feel what it does to a person and the human interaction it makes possible. And it is actually no problem to learn a language and everyone can do it. For many people even speaking a second language is a dream they never achieve to fulfill although they actually could fulfill it quite easily with a better methodology. My dream and my goal is to change the perspective on language teaching and make it possible for everyone to learn not one but several languages in a few years time if it pleases them.

Language is experimental. It has to be used, it has to be spoken and heard to be language. I found over the years that the most effective way of teaching and learning a language is pure interaction, talking, asking, answering to questions, telling stories and so on. In my opinion a student should and needs to build about 10 000 phrases and more to get anywhere near an interesting level of fluency. Nevertheless many students in language courses barely have spoken a 1000 phrases after the first two years.

I have met students who have told me that they went to so called integration-courses and took intensive-classes and accumulated thus around 500 hours of classes – just to be stuck in an eternal A2-level not being able to do anything with it. Their problem is and always will be the lack of application.

The following book is meant to help you with the application. I tried to mimic the mechanics of my classes and put it into the exercises I have crafted for this book. In my classes I work from the very first minute on with pure interaction, making the students talk as much as they are able to. Of course it is impossible to give them a topic and tell them to talk freely about it at the beginning. But what I have found that is absolutely possible is

to work with questions and answers and create thus as much interaction as possible
to prepare a text through the aforementioned Q&A-routine so that the student can talk about the text freely
to create free applications based on the aforementioned routines a) and b)

This book provides the opportunity to students to study on their own or with a partner or even in a class context with a teacher to use the suggested routines and therefore make use of the benefits that this methodology provides and reach the B2-level in German with more ease.

I hope that you find this book most useful,

Dominik Wexenberger

How to use this book

1. Read through the text, check all the vocabulary and make sure that you understand the text completely.

2. Go through the questions one by one and answer them with the help of the text. You are allowed to read the text during this step. Repeat if you feel that you need it.

3. Now cover the text and go through the questions one by one again and answer them without the help of the text. It is not necessary that your answers are 100% grammatically accurate. Focus on application and transmitting the information rather than on perfect grammar.

4. Read the text again.

5. Turn on the Kindle's text-to-speech function and listen to the text. Don't focus on single words. Focus on overall meaning.

6. Now try to tell the whole text. Try to remember as much information as you can. There is no need for completeness. Try to produce as much as possible. Repeat the whole routine if necessary.

7. Try to create your own short story about the topic if you can (optional).

If you have the possibility to study with another person, one can be the teacher asking the question and one can be the student giving the answers. As the book provides you with both the questions and the answers there is no need for an advanced level in German to do the exercises together.

If you are a teacher and want to use the book, I would like to suggest that you divide your students into groups of two and let them do the exercises together. Just be available for questions and make sure that they interact with each other. In fact I have written this book partially with an application in a bigger class-context in mind.

1. Künstliche Intelligenz

Ein großes Thema des noch jungen 21. Jahrhunderts ist das Thema künstliche Intelligenz. Der Mensch versucht, Maschinen zu bauen, die die Fähigkeit besitzen, die Intelligenz des Menschen so gut wie möglich zu imitieren. Ein Beispiel wäre zum Beispiel ein Computer, der fähig ist, Probleme relativ selbstständig zu bearbeiten und lösen. Ein anderes Beispiel wären einfache Algorithmen, bei denen intelligentes Verhalten simuliert wird, zum Beispiel in Videospielen. Im Begriff künstliche Intelligenz spiegelt sich oft auch ein Verständnis des Menschen aus der Aufklärung. Die Idee ist, dass der Mensch eine Maschine ist, dessen Intelligenz und Fähigkeiten auf physikalischen, biologischen und chemischen Prozessen basieren. Das bedeutet, dass es theoretisch möglich sein sollte, einen künstlichen Organismus zu erschaffen, der diese Prozesse nachahmen kann. Das Endziel wäre dann, eine Maschine zu bauen, die Probleme intelligent erkennen, verstehen und lösen kann, also wie ein Mensch denkt und agiert. Dieses Endziel der Forschung scheint aber auch nach Jahrzehnten in weiter Ferne, obwohl es natürlich auch wichtige Fortschritte und Erfolge in den letzten Jahrzehnten gab.

Fragen:

1. Was ist ein großes Thema des noch jungen 21. Jahrhunderts?

2. Ist das Thema künstliche Intelligenz ein wichtiges Thema des 21. Jahrhunderts?

3. Was versucht der Mensch, zu bauen?

4. Welche Fähigkeit sollen diese Maschinen besitzen?

5. Was sollen die Maschinen imitieren?

6. Was wäre ein gutes Beispiel für das Konzept der künstlichen Intelligenz?

7. Auf welche Weise soll ein Computer Probleme bearbeiten und lösen können?

8. Was wäre ein anderes Beispiel für das Konzept künstliche Intelligenz?

9. Wo kann man zum Beispiel simuliertes, intelligentes Verhalten finden?

10. Welches Verständnis des Menschen spiegelt sich im Begriff künstliche Intelligenz?

11. Was ist die Idee aus der Aufklärung über den Menschen?

12. Worauf basieren die Intelligenz und Fähigkeiten der menschlichen Maschine nach dieser Idee?

13. Was sollte also theoretisch möglich sein, zu erschaffen?

14. Was sollte theoretisch ein künstlicher Organismus machen können?

15. Was wäre das Endziel dieser Entwicklung?

16. Was soll eine Maschine mit Problemen machen können?

17. Das heißt, was macht die Maschine letztendlich?

18. Scheint dieses Endziel der Forschung nah?

19. Gab es wichtige Fortschritte und Erfolge in den letzten Jahrzehnten?

Fragen & Antworten:

1. Was ist ein großes Thema des noch jungen 21. Jahrhunderts?

Ein großes Thema des noch jungen 21. Jahrhunderts ist das Thema künstliche Intelligenz.

2. Ist das Thema künstliche Intelligenz ein wichtiges Thema des 21. Jahrhunderts?

Ja, es ist ein großes Thema des noch jungen 21. Jahrhunderts.

3. Was versucht der Mensch, zu bauen?

Der Mensch versucht, Maschinen zu bauen.

4. Welche Fähigkeit sollen diese Maschinen besitzen?

Es sollen Maschinen sein, die die Fähigkeit besitzen, die Intelligenz des Menschen so gut wie möglich zu imitieren.

5. Was sollen die Maschinen imitieren?

Sie sollen die Intelligenz des Menschen so gut wie möglich imitieren.

6. Was wäre ein gutes Beispiel für das Konzept der künstlichen Intelligenz?

Ein Beispiel wäre zum Beispiel ein Computer, der fähig ist, Probleme relativ selbstständig zu bearbeiten und lösen.

7. Auf welche Weise soll ein Computer Probleme bearbeiten und lösen können?

Er soll fähig sein, Probleme relativ selbstständig bearbeiten und lösen.

8. Was wäre ein anderes Beispiel für das Konzept künstliche Intelligenz?

Ein anderes Beispiel wären einfache Algorithmen, bei denen intelligentes Verhalten simuliert wird.

9. Wo kann man zum Beispiel simuliertes, intelligentes Verhalten finden?

Man kann simuliertes, intelligentes Verhalten zum Beispiel in Videospielen finden.

10. Welches Verständnis des Menschen spiegelt sich im Begriff künstliche Intelligenz?

Im Begriff künstliche Intelligenz spiegelt sich oft auch ein Verständnis des Menschen aus der Aufklärung.

11. Was ist die Idee aus der Aufklärung über den Menschen?

Die Idee ist, dass der Mensch eine Maschine ist.

12. Worauf basieren die Intelligenz und Fähigkeiten der menschlichen Maschine nach dieser Idee?

Der Mensch ist eine Maschine, dessen Intelligenz und Fähigkeiten auf physikalischen, biologischen und chemischen Prozessen basieren.

13. Was sollte also theoretisch möglich sein, zu erschaffen?

Das bedeutet, dass es theoretisch möglich sein sollte, einen künstlichen Organismus zu erschaffen, der diese Prozesse nachahmen kann.

14. Was sollte theoretisch ein künstlicher Organismus machen können?

Der künstliche Organismus sollte diese Prozesse nachahmen können.

15. Was wäre das Endziel dieser Entwicklung?

Das Endziel wäre dann, eine Maschine zu bauen, die Probleme intelligent erkennen, verstehen und lösen kann.

16. Was soll eine Maschine mit Problemen machen können?

Die Maschine soll Probleme intelligent erkennen, verstehen und lösen können.

17. Das heißt, was macht die Maschine letztendlich?

Sie denkt und agiert wie ein Mensch.

18. Scheint dieses Endziel der Forschung nah?

Nein, dieses Endziel der Forschung scheint aber auch nach Jahrzehnten in weiter Ferne.

19. Gab es wichtige Fortschritte und Erfolge in den letzten Jahrzehnten?

Natürlich gab es auch wichtige Fortschritte und Erfolge in den letzten Jahrzehnten.

2. Yoga

Yoga ist eine philosophische Lehre, die ursprünglich aus Indien kommt. Sie besteht aus verschiedenen geistigen und körperlichen Übungen, welche dabei helfen sollen, das Bewusstsein und den Körper miteinander zu vereinen. Es existieren viele verschiedene Variationen von Yoga, welche oft eine eigene Philosophie und Praxis haben. In Europa und Nordamerika hat man unter Yoga viele Jahre lang nur die körperlichen Übungen verstanden und hat den spirituellen, philosophischen Teil ignoriert. Die verschiedenen Formen von Yoga haben unterschiedliche Schwerpunkte. Einige legen den Schwerpunkt auf geistige Konzentration und Meditation, andere auf körperliche Übungen, Positionen und richtiges Atmen und andere konzentrieren sich auf eine asketische Lebensweise. Die Form von Yoga, wie sie heute im westlichen Teil der Welt praktiziert wird, ist ab Mitte des 19. Jahrhunderts entstanden. Oft ist es zu einer Vermischung und Übernahme von westlichen Ideen gekommen. Zum Beispiel gibt es in der westlich beeinflussten Form von Yoga viele Einflüsse aus westlicher Psychologie, physischem Training und Esoterik. Traditioneller, indischer Yoga unterscheidet sich sehr stark von dieser westlich geprägten Variante und ist eine viel komplexere Lehre als die meisten Menschen im Westen denken.

Fragen:

1. Was ist Yoga?

2. Woher kommt Yoga ursprünglich?

3. Aus was besteht die philosophische Lehre?

4. Wobei sollen die geistigen und körperlichen Übungen helfen?

5. Was sollen die Übungen miteinander vereinen?

6. Existiert nur eine einzige Form von Yoga?

7. Was haben diese Variationen oft?

8. Was hat man in Europa und Nordamerika viele Jahre unter Yoga verstanden?

9. Was hat man in Europa und Nordamerika ignoriert?

10. Wie unterscheiden sich die verschiedenen Formen von Yoga?

11. Worauf legen einige Formen von Yoga ihren Schwerpunkt?

12. Worauf legen andere Formen von Yoga ihren Schwerpunkt?

13. Worauf konzentrieren sich andere Formen von Yoga?

14. Welche Form von Yoga ist ab Mitte des 19. Jahrhunderts entstanden?

15. Wann ist die Form von Yoga entstanden, wie sie heute im westlichen Teil der Welt praktiziert wird?

16. Wozu ist es dabei oft gekommen?

17. Woraus gibt es viele Einflüsse in der westlich beeinflussten Form von Yoga?

18. Unterscheidet sich traditioneller, indischer Yoga von dieser westlichen Variante?

19. Von welcher Variante unterscheidet sich traditioneller, indischer Yoga stark?

20. Was ist der Unterschied zwischen der westlich geprägten und der traditionellen, indischen Variante?

Fragen & Antworten:

1. Was ist Yoga?

Yoga ist eine philosophische Lehre.

2. Woher kommt Yoga ursprünglich?

Yoga ist eine Lehre, die ursprünglich aus Indien kommt.

3. Aus was besteht die philosophische Lehre?

Sie besteht aus verschiedenen geistigen und körperlichen Übungen.

4. Wobei sollen die geistigen und körperlichen Übungen helfen?

Es sind Übungen, welche dabei helfen sollen, das Bewusstsein und den Körper miteinander zu vereinen.

5. Was sollen die Übungen miteinander vereinen?

Sie sollen das Bewusstsein und den Körper miteinander vereinen.

6. Existiert nur eine einzige Form von Yoga?

Nein, es existieren viele verschiedene Variationen von Yoga.

7. Was haben diese Variationen oft?

Es sind Variationen, welche oft eine eigene Philosophie und Praxis haben.

8. Was hat man in Europa und Nordamerika viele Jahre unter Yoga verstanden?

In Europa und Nordamerika hat man unter Yoga viele Jahre lang nur die körperlichen Übungen verstanden.

9. Was hat man in Europa und Nordamerika ignoriert?

Man hat den spirituellen, philosophischen Teil ignoriert.

10. Wie unterscheiden sich die verschiedenen Formen von Yoga?

Die verschiedenen Formen von Yoga haben unterschiedliche Schwerpunkte.

11. Worauf legen einige Formen von Yoga ihren Schwerpunkt?

Einige legen den Schwerpunkt auf geistige Konzentration und Meditation.

12. Worauf legen andere Formen von Yoga ihren Schwerpunkt?

Andere legen den Schwerpunkt auf körperliche Übungen, Positionen und richtiges Atmen.

13. Worauf konzentrieren sich andere Formen von Yoga?

Andere Formen konzentrieren sich auf eine asketische Lebensweise.

14. Welche Form von Yoga ist ab Mitte des 19. Jahrhunderts entstanden?

Die Form von Yoga, wie sie heute im westlichen Teil der Welt praktiziert wird.

15. Wann ist die Form von Yoga entstanden, wie sie heute im westlichen Teil der Welt praktiziert wird?

Sie ist ab Mitte des 19. Jahrhunderts entstanden.

16. Wozu ist es dabei oft gekommen?

Oft ist es zu einer Vermischung und Übernahme von westlichen Ideen gekommen.

17. Woraus gibt es viele Einflüsse in der westlich beeinflussten Form von Yoga?

In der westlich beeinflussten Form von Yoga gibt es viele Einflüsse aus westlicher Psychologie, physischem Training und Esoterik.

18. Unterscheidet sich traditioneller, indischer Yoga von dieser westlichen Variante?

Traditioneller, indischer Yoga unterscheidet sich sehr stark von dieser westlich geprägten Variante.

19. Von welcher Variante unterscheidet sich traditioneller, indischer Yoga stark?

Von der westlich geprägten Variante.

20. Was ist der Unterschied zwischen der westlich geprägten und der traditionellen, indischen Variante?

Die traditionelle, indische Variante ist eine viel komplexere Lehre als die meisten Menschen im Westen denken.

3. Video- und Computerspiele

Video- und Computerspiele haben eine erstaunliche Entwicklungsgeschichte hinter sich. Innerhalb von 50 Jahren haben sie sich von simplen, experimentellen Versuchen an Universitäten zu einem riesigen Markt und somit zu einem Milliardengeschäft entwickelt. Von Anfang an wurde versucht, Spiele für die ersten Computer zu programmieren. Computerspiele waren in der Anfangszeit noch sehr stark vom Entwicklungsstand der Forschung abhängig. Außerdem waren sie zu dieser Zeit eher Nebenprojekte, da die frühen Computer eigentlich für andere Zwecke gedacht waren. Ab den 70er Jahren gab es dank der Entwicklung von relativ günstigen Chips und der Kombination mit der existierenden Fernsehtechnologie neue Gelegenheiten, um Videospiele für eine breitere Öffentlichkeit zugänglich zu machen. Ab den 80er Jahren entwickelten sich zwei Märkte parallel zueinander. Auf der einen Seite etablierte sich ein Markt für Spielekonsolen und auf der anderen Seite ein Markt für Personal-Computer. Allerdings war der Computerspielmarkt dem Videospielmarkt bald überlegen, unter anderem deshalb weil sich die Technologie für PCs um ein Vielfaches schneller entwickelte. Aus Vermarktungsgründen geht der Trend seit den 90er Jahren allerdings wieder in Richtung Veröffentlichungen auf beiden Systemen und somit findet man heute viele Spiele sowohl auf Konsolen, als auch auf Computern. Die Computer- und Videospielindustrie ist heute in vielen Ländern ein wichtiger wirtschaftlicher Sektor und generiert Einnahmen, die teilweise die Filmindustrie übertreffen.

Fragen:

1. Was haben Video- und Computerspiele hinter sich?

2. Innerhalb von wie viel Jahren haben sie sich zu einem riesigen Markt entwickelt?

3. Von welchem Niveau haben sie sich zu einem Milliardengeschäft entwickelt?

4. Zu was haben sich Videospiele von simplen, experimentellen Versuchen an Universitäten entwickelt?

5. Was wurde von Anfang versucht?

6. Wovon waren Computerspiele in der Anfangszeit noch sehr stark abhängig?

7. Waren sie in der Anfangszeit schon Hauptprojekte für die Entwickler?

8. Warum waren Computerspiele eher Nebenprojekte?

9. Dank was gab es ab den 70er Jahren neue Gelegenheiten für die Computerspielentwicklung?

10. Was wurde in den 70er Jahren entwickelt, wodurch Videospiele für eine breitere Öffentlichkeit zugänglich wurden?

11. Zusammen mit was gab es dank der Entwicklung von relativ günstigen Chips neue Gelegenheiten?

12. Wofür gab es neue Gelegenheiten?

13. Was passierte ab den 80er Jahren?

14. Welcher Markt etablierte sich auf der einen Seite?

15. Welcher Markt etablierte sich auf der anderen Seite?

16. Wie entwickelten sich die beiden Märkte aber schnell im Verhältnis zueinander?

17. Warum war der Computerspielmarkt dem Videospielmarkt bald überlegen?

18. Was entwickelte sich um ein Vielfaches schneller?

19. Wohin geht der Trend seit den 90er Jahren allerdings wieder?

20. Warum geht der Trend wieder in Richtung Veröffentlichungen auf beiden Systemen?

21. Wo findet man viele Spiele somit heute?

22. Was ist die Computer- und Videospielindustrie heute in vielen Ländern?

23. Was generiert die Computer- und Videospielindustrie?

Fragen & Antworten:

1. Was haben Video- und Computerspiele hinter sich?

Video- und Computerspiele haben eine erstaunliche Entwicklungsgeschichte hinter sich.

2. Innerhalb von wie viel Jahren haben sie sich zu einem riesigen Markt entwickelt?

Innerhalb von 50 Jahren haben sie sich zu einem riesigen Markt entwickelt.

3. Von welchem Niveau haben sie sich zu einem Milliardengeschäft entwickelt?

Sie haben sie sich von simplen, experimentellen Versuchen an Universitäten zu einem Milliardengeschäft entwickelt.

4. Zu was haben sich Videospiele von simplen, experimentellen Versuchen an Universitäten entwickelt?

Sie haben sich zu einem riesigen Markt und somit zu einem Milliardengeschäft entwickelt.

5. Was wurde von Anfang versucht?

Von Anfang an wurde versucht, Spiele für die ersten Computer zu programmieren.

6. Wovon waren Computerspiele in der Anfangszeit noch sehr stark abhängig?

Computerspiele waren in der Anfangszeit noch sehr stark vom Entwicklungsstand der Forschung abhängig.

7. Waren sie in der Anfangszeit schon Hauptprojekte für die Entwickler?

Nein, außerdem waren sie zu dieser Zeit eher Nebenprojekte.

8. Warum waren Computerspiele eher Nebenprojekte?

Sie waren zu dieser Zeit eher Nebenprojekte, da die frühen Computer eigentlich für andere Zwecke gedacht waren.

9. Dank was gab es ab den 70er Jahren neue Gelegenheiten für die Computerspielentwicklung?

Ab den 70er Jahren gab es dank der Entwicklung von relativ günstigen Chips und der Kombination mit der existierenden Fernsehtechnologie neue Gelegenheiten.

10. Was wurde in den 70er Jahren entwickelt, wodurch Videospiele für eine breitere Öffentlichkeit zugänglich wurden?

Es wurden relativ günstige Chips entwickelt.

11. Zusammen mit was gab es dank der Entwicklung von relativ günstigen Chips neue Gelegenheiten?

Dank der Entwicklung von relativ günstigen Chips und der Kombination mit der existierenden Fernsehtechnologie gab es neue Gelegenheiten.

12. Wofür gab es neue Gelegenheiten?

Es gab neue Gelegenheiten, um Videospiele für eine breitere Öffentlichkeit zugänglich zu machen.

13. Was passierte ab den 80er Jahren?

Ab den 80er Jahren entwickelten sich zwei Märkte parallel zueinander.

14. Welcher Markt etablierte sich auf der einen Seite?

Auf der einen Seite etablierte sich ein Markt für Spielekonsolen.

15. Welcher Markt etablierte sich auf der anderen Seite?

Auf der anderen Seite etablierte sich ein Markt für Personal-Computer.

16. Wie entwickelten sich die beiden Märkte aber schnell im Verhältnis zueinander?

Allerdings war der Computerspielmarkt dem Videospielmarkt bald überlegen.

17. Warum war der Computerspielmarkt dem Videospielmarkt bald überlegen?

Unter anderem deshalb weil sich die Technologie für PCs um ein Vielfaches schneller entwickelte.

18. Was entwickelte sich um ein Vielfaches schneller?

Die Technologie für PCs entwickelte sich um ein Vielfaches schneller.

19. Wohin geht der Trend seit den 90er Jahren allerdings wieder?

Der Trend geht seit den 90er Jahren allerdings wieder in Richtung Veröffentlichungen auf beiden Systemen.

20. Warum geht der Trend wieder in Richtung Veröffentlichungen auf beiden Systemen?

Aus Vermarktungsgründen geht der Trend wieder in Richtung Veröffentlichungen auf beiden Systemen.

21. Wo findet man viele Spiele somit heute?

Somit findet man heute viele Spiele sowohl auf Konsolen, als auch auf Computern.

22. Was ist die Computer- und Videospielindustrie heute in vielen Ländern?

Die Computer- und Videospielindustrie ist heute in vielen Ländern ein wichtiger wirtschaftlicher Sektor.

23. Was generiert die Computer- und Videospielindustrie?

Sie generiert Einnahmen, die teilweise die Filmindustrie übertreffen.

4. Ballett

Das Ballett entwickelte sich im 15. und 16. Jahrhundert aus Schauspielen und tänzerischen Aufführungen an italienischen und französischen Fürstenhöfen. 1661 gründete Ludwig XVI. die königliche Akademie für Tanz in Paris. Diese Initiative des französischen Königs war die Grundlage für eine große und bedeutende Weiterentwicklung des Balletts und führte ebenfalls zu einer Professionalisierung, durch die sich das Tanzen zum Beruf entwickelte. Ab Mitte des 18. Jahrhunderts begann man, Elemente des Dramas mit dem Ballett zu kombinieren. Das Drama war zu dieser Zeit eine sehr wichtige Form der Kunst und das Ballett wurde durch die Kombination enorm aufgewertet. Am Beginn des 19. Jahrhunderts waren die Theater mit einer Mischform aus Theater, Ballett, Pantomime und Zirkus sehr erfolgreich. Eine erste Blütezeit erlebte das Ballett in der zweiten Hälfte des 19. Jahrhunderts in Russland. In dieser Zeit entstanden viele der auch heute noch sehr beliebten klassischen Meisterwerke, zum Beispiel Schwanensee oder der Nussknacker. Seit den 1950er Jahren hat das klassische, russische Ballett auch in Westeuropa und Nordamerika einen wachsenden Einfluss, unter anderem deswegen, weil während der Zeit des kalten Krieges viele Künstler aus der Sowjetunion ins Exil gingen und ihre Arbeit dort fortsetzten.

Fragen:

1. Wann entwickelte sich das Ballett?

2. Woraus entwickelte sich das Ballett?

3. Wo fanden die Schauspiele und tänzerischen Aufführungen statt?

4. Was gründete 1661 Ludwig XVI.?

5. Wofür war diese Initiative des Königs die Grundlage?

6. Wozu führte die Initiative des Königs ebenfalls?

7. Wozu entwickelte sich das Tanzen durch die Professionalisierung?

8. Was begann man, ab Mitte des 18. Jahrhunderts zu kombinieren?

9. Wann begann man, Elemente des Dramas mit dem Ballett zu kombinieren?

10. War das Drama zu dieser Zeit eine wichtige Form der Kunst?

11. Was passierte mit dem Ballett durch die Kombination mit dem Drama?

12. Womit waren die Theater am Beginn des 19. Jahrhunderts enorm erfolgreich?

13. Wann erlebte das Ballett eine erste Blütezeit?

14. Was entstand in dieser Zeit?

15. Welche beliebten klassischen Meisterwerke entstanden zum Beispiel in dieser Zeit?

16. Wo hat das klassische, russische Ballett seit den 1950er Jahren einen wachsenden Einfluss?

17. Warum hat das klassische, russische Ballett einen wachsenden Einfluss in Westeuropa und Nordamerika?

18. Wohin gingen viele Künstler aus der Sowjetunion während der Zeit des kalten Krieges?

19. Was taten die Künstler aus der Sowjetunion im Exil?

Fragen & Antworten:

1. Wann entwickelte sich das Ballett?

Das Ballett entwickelte sich im 15. und 16. Jahrhundert.

2. Woraus entwickelte sich das Ballett?

Das Ballett entwickelte sich aus Schauspielen und tänzerischen Aufführungen.

3. Wo fanden die Schauspiele und tänzerischen Aufführungen statt?

Sie fanden an italienischen und französischen Fürstenhöfen statt.

4. Was gründete 1661 Ludwig XVI.?

Er gründete die königliche Akademie für Tanz in Paris.

5. Wofür war diese Initiative des Königs die Grundlage?

Diese Initiative des französischen Königs war die Grundlage für eine große und bedeutende Weiterentwicklung des Balletts.

6. Wozu führte die Initiative des Königs ebenfalls?

Sie führte ebenfalls zu einer Professionalisierung.

7. Wozu entwickelte sich das Tanzen durch die Professionalisierung?

Es entwickelte sich zum Beruf durch die Professionalisierung.

8. Was begann man, ab Mitte des 18. Jahrhunderts zu kombinieren?

Ab Mitte des 18. Jahrhunderts begann man, Elemente des Dramas mit dem Ballett zu kombinieren.

9. Wann begann man, Elemente des Dramas mit dem Ballett zu kombinieren?

Ab Mitte des 18. Jahrhunderts begann man damit.

10. War das Drama zu dieser Zeit eine wichtige Form der Kunst?

Das Drama war zu dieser Zeit eine sehr wichtige Form der Kunst.

11. Was passierte mit dem Ballett durch die Kombination mit dem Drama?

Das Ballett wurde durch die Kombination enorm aufgewertet.

12. Womit waren die Theater am Beginn des 19. Jahrhunderts enorm erfolgreich?

Am Beginn des 19. Jahrhunderts waren die Theater mit einer Mischform aus Theater, Ballett, Pantomime und Zirkus sehr erfolgreich.

13. Wann erlebte das Ballett eine erste Blütezeit?

Eine erste Blütezeit erlebte das Ballett in der zweiten Hälfte des 19. Jahrhunderts in Russland.

14. Was entstand in dieser Zeit?

In dieser Zeit entstanden viele der auch heute noch sehr beliebten klassischen Meisterwerke.

15. Welche beliebten klassischen Meisterwerke entstanden zum Beispiel in dieser Zeit?

Zum Beispiel entstanden zu dieser Zeit Schwanensee oder der Nussknacker.

16. Wo hat das klassische, russische Ballett seit den 1950er Jahren einen wachsenden Einfluss?

Das klassische, russische Ballett hat auch in Westeuropa und Nordamerika einen wachsenden Einfluss seit den 1950er Jahren.

17. Warum hat das klassische, russische Ballett einen wachsenden Einfluss in Westeuropa und Nordamerika?

Unter anderem deswegen, weil während der Zeit des kalten Krieges viele Künstler aus der Sowjetunion ins Exil gingen und ihre Arbeit dort fortsetzten.

18. Wohin gingen viele Künstler aus der Sowjetunion während der Zeit des kalten Krieges?

Die Künstler gingen ins Exil während der Zeit des kalten Krieges.

19. Was taten die Künstler aus der Sowjetunion im Exil?

Sie setzten im Exil ihre Arbeit fort.

5. Internet

Für viele Experten weltweit gilt das Internet als eine der größten und wichtigsten Erfindungen des 20. Jahrhunderts. Es hat das Leben der Menschen stark verändert und hat massive Auswirkungen auf ihre sozialen, kulturellen, professionellen und wirtschaftlichen Aktivitäten. Ein bedeutender Aspekt dieser Entwicklung ist sicherlich der Wandel vom passiven Benutzer, der im Internet surft, zum aktiven Benutzer, der sich zum Autor seiner eigenen Inhalte entwickelt. Das Internet ist ein öffentlicher Raum, in welchem es keine physischen Grenzen mehr gibt. Stattdessen entstehen neue Gruppen, welche durch Interessen und Themen miteinander verbunden sind. Durch seine scheinbar endlose Informationsflut hat das Internet außerdem die Definitionsmacht vieler alter Medien und auch der Politik zerstört. Auf der einen Seite kann man sagen, dass das ein sehr positiver Effekt ist, da heute für viele interessierte Menschen die Möglichkeit besteht, selbst zu entscheiden, was sie glauben wollen und wie viel Aufwand sie in die Suche nach Informationen zu einem Thema investieren wollen. Auf der anderen Seite hat diese Entwicklung allerdings auch ihre Schattenseiten, da durch die unglaubliche Masse an Informationen auch die alte Illusion von Sicherheit und Wahrheit verloren wurde und viele Menschen nicht mehr wirklich wissen, was oder wem sie wirklich glauben sollen. Deshalb ist es eine wichtige Anforderung an die heutige moderne Gesellschaft, den Umgang mit und die Auswertung von Informationen durch die Nutzer stärker zu fördern und ihnen somit die Fähigkeit bei zu bringen, wie sie durch den modernen Informationsdschungel mit Sicherheit und Vertrauen navigieren können.

Fragen:

1. Als was gilt das Internet für viele Experten weltweit?

2. Für wen gilt das Internet als eine der größten und wichtigsten Erfindungen des 20. Jahrhunderts?

3. Was hat die Erfindung des Internets mit dem Leben der Menschen gemacht?

4. Worauf hat die Erfindung des Internets massive Auswirkungen?

5. Was ist ein bedeutender Aspekt dieser Entwicklung?

6. Wie war der passive Benutzer?

7. Wie ist der aktive Benutzer?

8. Wie kann man das Internet beschreiben?

9. Was entsteht stattdessen?

10. Wie sind diese neuen Gruppen miteinander verbunden?

11. Was hat das Internet außerdem durch seine scheinbar endlose Informationsflut zerstört?

12. Wodurch hat das Internet außerdem die Definitionsmacht vieler alter Medien und auch der Politik zerstört?

13. Was kann man auf der einen Seite sagen?

14. Warum ist das ein sehr positiver Effekt?

15. Was können viele interessierte Menschen selbst entscheiden?

16. Hat diese Entwicklung auf der anderen Seite auch negative Seiten?

17. Was wurde durch die unglaubliche Masse an Informationen verloren?

18. Was wissen viele Menschen nicht mehr wirklich?

19. Was ist eine wichtige Anforderung an die heutige moderne Gesellschaft?

20. Was muss die heutige moderne Gesellschaft fördern?

21. Welche Fähigkeit muss die heutige moderne Gesellschaft den Nutzern beibringen?

22. Wodurch müssen die Nutzer mit Sicherheit und Vertrauen navigieren können?

Fragen & Antworten:

1. Als was gilt das Internet für viele Experten weltweit?

Für viele Experten weltweit gilt das Internet als eine der größten und wichtigsten Erfindungen des 20. Jahrhunderts.

2. Für wen gilt das Internet als eine der größten und wichtigsten Erfindungen des 20. Jahrhunderts?

Für viele Experten weltweit.

3. Was hat die Erfindung des Internets mit dem Leben der Menschen gemacht?

Das Internet hat das Leben der Menschen stark verändert.

4. Worauf hat die Erfindung des Internets massive Auswirkungen?

Die Erfindung des Internets hat massive Auswirkungen auf ihre sozialen, kulturellen, professionellen und wirtschaftlichen Aktivitäten.

5. Was ist ein bedeutender Aspekt dieser Entwicklung?

Ein bedeutender Aspekt dieser Entwicklung ist sicherlich der Wandel vom passiven Benutzer zum aktiven Benutzer.

6. Wie war der passive Benutzer?

Er war ein Benutzer, der im Internet surft.

7. Wie ist der aktive Benutzer?

Er ist ein Benutzer, der sich zum Autor seiner eigenen Inhalte entwickelt.

8. Wie kann man das Internet beschreiben?

Das Internet ist ein öffentlicher Raum, in welchem es keine physischen Grenzen mehr gibt.

9. Was entsteht stattdessen?

Stattdessen entstehen neue Gruppen.

10. Wie sind diese neuen Gruppen miteinander verbunden?

Es sind Gruppen, welche durch Interessen und Themen miteinander verbunden sind.

11. Was hat das Internet außerdem durch seine scheinbar endlose Informationsflut zerstört?

Durch seine scheinbar endlose Informationsflut hat das Internet außerdem die Definitionsmacht vieler alter Medien und auch der Politik zerstört.

12. Wodurch hat das Internet außerdem die Definitionsmacht vieler alter Medien und auch der Politik zerstört?

Durch seine scheinbar endlose Informationsflut.

13. Was kann man auf der einen Seite sagen?

Auf der einen Seite kann man sagen, dass das ein sehr positiver Effekt ist.

14. Warum ist das ein sehr positiver Effekt?

Weil heute für viele interessierte Menschen die Möglichkeit besteht, selbst zu entscheiden, was sie glauben wollen und wie viel Aufwand sie in die Suche nach Informationen zu einem Thema investieren wollen.

15. Was können viele interessierte Menschen selbst entscheiden?

Sie können selbst entscheiden, was sie glauben wollen und wie viel Aufwand sie in die Suche nach Informationen zu einem Thema investieren wollen.

16. Hat diese Entwicklung auf der anderen Seite auch negative Seiten?

Auf der anderen Seite hat diese Entwicklung allerdings auch ihre Schattenseiten.

17. Was wurde durch die unglaubliche Masse an Informationen verloren?

Durch die unglaubliche Masse an Informationen wurde auch die alte Illusion von Sicherheit und Wahrheit verloren.

18. Was wissen viele Menschen nicht mehr wirklich?

Viele Menschen wissen nicht mehr wirklich, was oder wem sie wirklich glauben sollen.

19. Was ist eine wichtige Anforderung an die heutige moderne Gesellschaft?

Deshalb ist es eine wichtige Anforderung an die heutige moderne Gesellschaft, den Umgang mit und die Auswertung von Informationen durch die Nutzer stärker zu fördern.

20. Was muss die heutige moderne Gesellschaft fördern?

Sie muss den Umgang mit und die Auswertung von Informationen durch die Nutzer stärker fördern.

21. Welche Fähigkeit muss die heutige moderne Gesellschaft den Nutzern beibringen?

Sie muss ihnen die Fähigkeit beibringen, wie sie durch den modernen Informationsdschungel mit Sicherheit und Vertrauen navigieren können.

22. Wodurch müssen die Nutzer mit Sicherheit und Vertrauen navigieren können?

Sie müssen durch den modernen Informationsdschungel mit Sicherheit und Vertrauen navigieren können.

6. Migration

Eine große Herausforderung für moderne Gesellschaften ist das Thema Migration. In einer Welt, in der Reichtum und Gelegenheiten sehr ungleich verteilt sind, kann die Konsequenz nur eine Weltbevölkerung sein, die zunehmend in Bewegung kommt und versucht, durch Migration ihre Position im globalen Spiel um die besten Gelegenheiten zu verbessern. Die unterschiedlichen Niveaus in verschiedenen Ländern dieser Welt wirken als sogenannte Pull- und Pushfaktoren. Das bedeutet, dass die reicheren und entwickelteren Länder oder Regionen Migranten anziehen (Pull) und die ärmeren und weniger entwickelten Länder oder Regionen Migranten abstoßen (Push). Wichtige Faktoren für Migrationsentscheidungen sind zum Beispiel Alter, Beruf und Chancen für eine Einbürgerung im Zielland, aber auch die Möglichkeit, dass die Familie eines Migranten später in das Zielland nachkommen kann. Eine andere Situation zeigt sich im Fall von Naturkatastrophen- oder Kriegsflucht. In diesen Fällen sind die Pushfaktoren sehr stark und das Interesse der Flucht oder Migration liegt zuerst einmal darin, einen sicheren Ort für sich und die Familie zu finden. Allerdings gibt es auch bei diesem Sonderfall viele Migranten, die ihre Migration durchdacht planen und versuchen, das Beste aus ihrer Situation heraus zu holen. In der Wirtschaftspolitik wird eine Zuwanderung von gut qualifizierten und erfahrenen Menschen oft sehr gern gesehen, da man auf der einen Seite heute schon Probleme hat, bestehende Arbeitsplätze für qualifizierte Arbeit zu besetzen und auf der anderen Seite eine sehr billige Lösung für das Problem hat, da man für die Qualifizierung dieser Arbeitskräfte nicht investieren musste. Für die schwächer entwickelten Länder, aus welchen die Arbeitskräfte abwandern, ist diese Strategie allerdings ein großes Problem, da sie die Arbeitskraft und das Wissen dieser Menschen durch die Migration verlieren.

Fragen:

1. Was ist eine große Herausforderung für moderne Gesellschaften?

2. In welcher Welt lebt der Mensch heute?

3. Was kann die Konsequenz von so einer Welt nur sein?

4. Was versucht die Weltbevölkerung dadurch zu verbessern?

5. Wie wirken die unterschiedlichen Niveaus in verschiedenen Ländern dieser Welt?

6. Was bedeutet das für die reicheren und entwickelteren Länder oder Regionen?

7. Was bedeutet das für die ärmeren und weniger entwickelten Länder oder Regionen?

8. Was sind wichtige Faktoren für Migrationsentscheidungen?

9. Welche Möglichkeit ist aber auch wichtig für Migrationsentscheidungen?

10. In welchem Fall zeigt sich eine andere Situation?

11. Welche Faktoren sind im Fall von Naturkatastrophen- und Kriegsflucht sehr stark?

12. Worin liegt das Interesse der Flucht oder Migration zuerst einmal in diesen Fällen?

13. Was gibt es allerdings auch bei diesem Sonderfall viel?

14. Wie planen die Migranten ihre Migration?

15. Was versuchen die Migranten?

16. Wie wird die Zuwanderung von gut qualifizierten und erfahrenen Menschen in der Wirtschaftspolitik gesehen?

17. Warum wird eine Zuwanderung von gut qualifizierten und erfahrenen Menschen auf der einen Seite oft sehr gern gesehen?

18. Warum wird eine Zuwanderung von gut qualifizierten und erfahrenen Menschen auf der anderen Seite oft sehr gern gesehen?

19. Warum hat man eine billige Lösung für das Problem der fehlenden Arbeitskräfte?

20. Für wen ist diese Strategie allerdings ein großes Problem?

21. Warum ist diese Strategie ein großes Problem für die schwächer entwickelten Länder?

Fragen & Lösungen:

1. Was ist eine große Herausforderung für moderne Gesellschaften?

Eine große Herausforderung für moderne Gesellschaften ist das Thema Migration.

2. In welcher Welt lebt der Mensch heute?

Er lebt in einer Welt, in der Reichtum und Gelegenheiten sehr ungleich verteilt sind.

3. Was kann die Konsequenz von so einer Welt nur sein?

Die Konsequenz kann nur eine Weltbevölkerung sein, die zunehmend in Bewegung kommt.

4. Was versucht die Weltbevölkerung dadurch zu verbessern?

Sie versucht, durch Migration ihre Position im globalen Spiel um die besten Gelegenheiten zu verbessern.

5. Wie wirken die unterschiedlichen Niveaus in verschiedenen Ländern dieser Welt?

Die unterschiedlichen Niveaus in verschiedenen Ländern dieser Welt wirken als sogenannte Pull- und Pushfaktoren.

6. Was bedeutet das für die reicheren und entwickelteren Länder oder Regionen?

Das bedeutet, dass die reicheren und entwickelteren Länder oder Regionen Migranten anziehen (Pull).

7. Was bedeutet das für die ärmeren und weniger entwickelten Länder oder Regionen?

Das bedeutet, dass die ärmeren und weniger entwickelten Länder oder Regionen Migranten abstoßen (Push).

8. Was sind wichtige Faktoren für Migrationsentscheidungen?

Wichtige Faktoren für Migrationsentscheidungen sind zum Beispiel Alter, Beruf und Chancen für eine Einbürgerung im Zielland.

9. Welche Möglichkeit ist aber auch wichtig für Migrationsentscheidungen?

Die Möglichkeit, dass die Familie eines Migranten später in das Zielland nachkommen kann, ist auch wichtig.

10. In welchem Fall zeigt sich eine andere Situation?

Eine andere Situation zeigt sich im Fall von Naturkatastrophen- oder Kriegsflucht.

11. Welche Faktoren sind im Fall von Naturkatastrophen- und Kriegsflucht sehr stark?

In diesen Fällen sind die Pushfaktoren sehr stark.

12. Worin liegt das Interesse der Flucht oder Migration zuerst einmal in diesen Fällen?

Das Interesse der Flucht oder Migration liegt zuerst einmal darin, einen sicheren Ort für sich und die Familie zu finden.

13. Was gibt es allerdings auch bei diesem Sonderfall viel?

Allerdings gibt es auch bei diesem Sonderfall viele Migranten, die ihre Migration durchdacht planen und versuchen, das Beste aus ihrer Situation heraus zu holen.

14. Wie planen die Migranten ihre Migration?

Sie planen ihre Migration durchdacht.

15. Was versuchen die Migranten?

Sie versuchen, das Beste aus ihrer Situation heraus zu holen.

16. Wie wird die Zuwanderung von gut qualifizierten und erfahrenen Menschen in der Wirtschaftspolitik gesehen?

In der Wirtschaftspolitik wird eine Zuwanderung von gut qualifizierten und erfahrenen Menschen oft sehr gern gesehen.

17. Warum wird eine Zuwanderung von gut qualifizierten und erfahrenen Menschen auf der einen Seite oft sehr gern gesehen?

Sie wird gern gesehen, da man auf der einen Seite heute schon Probleme hat, bestehende Arbeitsplätze für qualifizierte Arbeit zu besetzen.

18. Warum wird eine Zuwanderung von gut qualifizierten und erfahrenen Menschen auf der anderen Seite oft sehr gern gesehen?

Sie wird gern gesehen, da man auf der anderen Seite eine sehr billige Lösung für das Problem hat, da man für die Qualifizierung dieser Arbeitskräfte nicht investieren musste.

19. Warum hat man eine billige Lösung für das Problem der fehlenden Arbeitskräfte?

Man hat eine billige Lösung für das Problem der fehlenden Arbeitskräfte, da man für die Qualifizierung dieser Arbeitskräfte nicht investieren musste.

20. Für wen ist diese Strategie allerdings ein großes Problem?

Für die schwächer entwickelten Länder, aus welchen die Arbeitskräfte abwandern, ist diese Strategie ein großes Problem.

21. Warum ist diese Strategie ein großes Problem für die schwächer entwickelten Länder?

Diese Strategie ist ein großes Problem für sie, da sie die Arbeitskraft und das Wissen dieser Menschen durch die Migration verlieren.

7. Kryptowährung

Wenn heute über die Zukunft des Geldes diskutiert wird, fällt unvermeidlich auch das Wort Kryptowährung. Kryptowährungen sind digitale Zahlungsmittel, welche auf kryptographischen Werkzeugen basieren. Die erste Kryptowährung, die öffentlich gehandelt wurde, war Bitcoin ab dem Jahr 2009. Heute gibt es ungefähr 4500 verschiedene digitale Währungen, aber nur ungefähr 1000 von ihnen haben einen täglichen Handelsumsatz von mehr als 10 000 US-Dollar. Ein interessanter und auch wichtiger Aspekt ist die dezentrale Funktionsweise. Das bedeutet, dass die digitalen Währungen einen Zahlungsverkehr ermöglichen, der zum Beispiel ohne Banken funktioniert. Ein bedeutender Unterschied zum normalen Geld, welches heute im alltäglichen Leben benutzt wird, ist, dass es durch die dezentrale Struktur keine Möglichkeit gibt, dass eine einzelne Partei in der Lage ist, die Produktion von Geld in irgendeiner Weise zu manipulieren oder zu kontrollieren, wie zum Beispiel heute die Zentralbanken. Auf der anderen Seite sind Kryptowährungen, genauso wie das heute dominante Zentralbankgeld, Fiatgeld. Das bedeutet, dass dieses digitale Geld aus dem Nichts geschaffen wird und eigentlich keinen Wert hat, im Gegensatz zu Gold oder Silber zum Beispiel, welche einen eigenen Wert haben. Seinen Wert bekommt es, weil die Handelspartner eines Marktplatzes es als Tauschmittel akzeptieren und Vertrauen in seinen Wert haben. Das bedeutet, Fiatgeld basiert auf dem Glauben oder dem Vertrauen, dass es auf einem Markt als Zahlungsmittel akzeptiert wird und einen mehr oder weniger stabilen Tauschwert hat. Heute sind immer noch vergleichsweise wenig Kryptowährungen in regulären Währungen handelbar. Oft kann man sie nur gegen andere Kryptowährungen tauschen und Banken akzeptieren sie nicht als Zahlungsmittel oder tauschen sie nicht in konventionelle Zahlungsmittel um.

Fragen:

1. Welches Wort fällt heute unvermeidlich, wenn über die Zukunft des Geldes diskutiert wird?

2. Wann fällt heute unvermeidlich auch das Wort Kryptowährung?

3. Was sind Kryptowährungen?

4. Worauf basieren sie?

5. Welche Kryptowährung war die Erste, die öffentlich gehandelt wurde?

6. Wie viele digitale Währungen gibt es heute ungefähr?

7. Was aber haben nur ungefähr 1000 von diesen verschiedenen digitalen Währungen ?

8. Was ist ein interessanter und wichtiger Aspekt von digitalen Währungen?

9. Was bedeutet dezentrale Funktionsweise?

10. Was ist ein bedeutender Unterschied zum normalen Geld, welcher durch die dezentrale Struktur entsteht?

11. Welche Institutionen haben heute zum Beispiel die Möglichkeit, die Produktion von Geld in irgendeiner Weise zu manipulieren oder zu kontrollieren?

12. Was sind Kryptowährungen aber auf der anderen Seite, genauso wie Zentralbankgeld?

13. Was bedeutet Fiatgeld?

14. Was hat zum Beispiel im Gegensatz dazu einen eigenen Wert?

15. Auf welchem Glauben oder Vertrauen basiert Fiatgeld?

16. Gibt es heute schon viele Kryptowährungen, die in regulären Währungen handelbar sind?

17. Wogegen kann man sie oft nur tauschen?

18. Als was akzeptieren Banken sie nicht?

19. In was tauschen die Banken die Kryptowährungen nicht um?

Fragen & Lösungen:

1. Welches Wort fällt heute unvermeidlich, wenn über die Zukunft des Geldes diskutiert wird?

Wenn heute über die Zukunft des Geldes diskutiert wird, fällt unvermeidlich auch das Wort Kryptowährung.

2. Wann fällt heute unvermeidlich auch das Wort Kryptowährung?

Wenn heute über die Zukunft des Geldes diskutiert wird.

3. Was sind Kryptowährungen?

Kryptowährungen sind digitale Zahlungsmittel.

4. Worauf basieren sie?

Kryptowährungen sind digitale Zahlungsmittel, welche auf kryptographischen Werkzeugen basieren.

5. Welche Kryptowährung war die Erste, die öffentlich gehandelt wurde?

Die erste Kryptowährung, die öffentlich gehandelt wurde, war Bitcoin ab dem Jahr 2009.

6. Wie viele digitale Währungen gibt es heute ungefähr?

Heute gibt es ungefähr 4500 verschiedene digitale Währungen.

7. Was aber haben nur ungefähr 1000 von diesen verschiedenen digitalen Währungen ?

Aber nur ungefähr 1000 von ihnen haben einen täglichen Handelsumsatz von mehr als 10 000 US-Dollar.

8. Was ist ein interessanter und wichtiger Aspekt von digitalen Währungen?

Ein interessanter und auch wichtiger Aspekt ist die dezentrale Funktionsweise.

9. Was bedeutet dezentrale Funktionsweise?

Das bedeutet, dass die digitalen Währungen einen Zahlungsverkehr ermöglichen, der zum Beispiel ohne Banken funktioniert.

10. Was ist ein bedeutender Unterschied zum normalen Geld, welcher durch die dezentrale Struktur entsteht?

Es gibt keine Möglichkeit, dass eine einzelne Partei in der Lage ist, die Produktion von Geld in irgendeiner Weise zu manipulieren oder zu kontrollieren.

11. Welche Institutionen haben heute zum Beispiel die Möglichkeit, die Produktion von Geld in irgendeiner Weise zu manipulieren oder zu kontrollieren?

Zentralbanken haben zum Beispiel die Möglichkeit, die Produktion von Geld in irgendeiner Weise zu manipulieren oder zu kontrollieren.

12. Was sind Kryptowährungen aber auf der anderen Seite, genauso wie Zentralbankgeld?

Auf der anderen Seite sind Kryptowährungen, genauso wie das heute dominante Zentralbankgeld, Fiatgeld.

13. Was bedeutet Fiatgeld?

Das bedeutet, dass dieses digitale Geld aus dem Nichts geschaffen wird und eigentlich keinen Wert hat.

14. Was hat zum Beispiel im Gegensatz dazu einen eigenen Wert?

Im Gegensatz dazu haben Gold oder Silber einen eigenen Wert.

15. Auf welchem Glauben oder Vertrauen basiert Fiatgeld?

Darauf, dass es auf einem Markt als Zahlungsmittel akzeptiert wird und einen mehr oder weniger stabilen Tauschwert hat.

16. Gibt es heute schon viele Kryptowährungen, die in regulären Währungen handelbar sind?

Nein, heute sind immer noch vergleichsweise wenig Kryptowährungen in regulären Währungen handelbar.

17. Wogegen kann man sie oft nur tauschen?

Oft kann man sie nur gegen andere Kryptowährungen tauschen.

18. Als was akzeptieren Banken sie nicht?

Banken akzeptieren sie nicht als Zahlungsmittel.

19. In was tauschen die Banken die Kryptowährungen nicht um?

Sie tauschen sie nicht in konventionelle Zahlungsmittel um.

8. Universum

Das Wort Universum stammt vom lateinischen Wort *universus* ab, welches ‚gesamt' bedeutet. Als deutsches Wort für Universum wird auch das Wort Weltall gebraucht. Man bezeichnet damit die Gesamtheit von Raum, Zeit und aller Materie und Energie. Die wichtigste und einflussreichste Theorie über das Alter des Universums ist die Urknalltheorie. Diese Theorie geht davon aus, dass in einem bestimmten Moment vor vielen Milliarden Jahren ein Urknall passiert ist, während welchem das Universum geschaffen wurde. Seit diesem Moment dehnt sich das Universum aus. Außerdem entstanden laut dieser Theorie auch Raum, Zeit und Materie zu diesem Zeitpunkt. In der Physik existiert deshalb auch weder etwas außerhalb des Universums, noch vor dem Universum, noch eine Ursache für das Universum. Im Moment schätzen Wissenschaftler, dass das Universum ungefähr 13, 81 Milliarden Jahre alt ist. Diese Berechnungen setzen natürlich voraus, dass der Urknall wirklich der zeitliche Beginn des Universums ist. Heute kann ausgeschlossen werden, dass das Universum statisch, unendlich alt und unendlich groß ist. Eine Begründung hierfür ist, die Ausdehnung des Weltalls. Allerdings kann wegen der beobachteten Expansion ein dynamisches, unendliches Weltall im Moment nicht ausgeschlossen werden. Für die Form des Universums gibt es mehrere Möglichkeiten, die diskutiert werden. Wenn man an die Urknalltheorie denkt, ist für viele Menschen eine Kugelform intuitiv und logisch. Aber es wurden auch andere Formen vorgeschlagen, zum Beispiel ein unendliches, flaches Universum, ein Universum, welches wie ein Schwimmring aussieht oder auch wie eine Trompete. Das Universum hält noch viele Rätsel für die Wissenschaft bereit und möglicherweise wird der Mensch es niemals vollständig verstehen können.

Fragen:

1. Wovon stammt das Wort Universum ab?

2. Was bedeutet das Wort *universus*?

3. Welches deutsche Wort wird auch für das Wort Universum gebraucht?

4. Was bezeichnet man mit dem Wort Universum?

5. Welche Theorie über das Alter des Universums ist die wichtigste und einflussreichste Theorie?

6. Wovon geht diese Theorie aus?

7. Was wurde während diesem Urknall geschaffen?

8. Was macht das Universum seit diesem Moment?

9. Was entstand laut dieser Theorie außerdem zu diesem Zeitpunkt?

10. Existiert in der Physik etwas außerhalb oder vor dem Universum oder gibt es einen Grund für das Universum?

11. Wie alt ist das Universum nach Schätzungen von Wissenschaftlern im Moment?

12. Was setzen diese Berechnungen natürlich voraus?

13. Was kann heute ausgeschlossen werden, daher, was ist das Universum nicht?

14. Was ist eine Begründung hierfür?

15. Was kann aber wegen der beobachteten Expansion im Moment nicht ausgeschlossen werden?

16. Weswegen kann ein dynamisches unendliches Weltall im Moment nicht ausgeschlossen werden?

17. Gibt es für die Form des Universums nur eine oder mehrere Möglichkeiten, die diskutiert werden?

18. Welche Form ist für viele Menschen intuitiv und logisch, wenn man an die Urknalltheorie denkt?

19. Wurden auch andere Formen vorgeschlagen?

20. Welche Formen wurden zum Beispiel vorgeschlagen?

21. Was hält das Universum noch für die Wissenschaft bereit?

22. Was wird der Mensch möglicherweise niemals vollständig können?

Fragen & Lösungen:

1. Wovon stammt das Wort Universum ab?

Das Wort Universum stammt vom lateinischen Wort *universus* ab.

2. Was bedeutet das Wort *universus*?

Es bedeutet ‚gesamt‘.

3. Welches deutsche Wort wird auch für das Wort Universum gebraucht?

Als deutsches Wort für Universum wird auch das Wort Weltall gebraucht.

4. Was bezeichnet man mit dem Wort Universum?

Man bezeichnet damit die Gesamtheit von Raum, Zeit und aller Materie und Energie.

5. Welche Theorie über das Alter des Universums ist die wichtigste und einflussreichste Theorie?

Die wichtigste und einflussreichste Theorie über das Alter des Universums ist die Urknalltheorie.

6. Wovon geht diese Theorie aus?

Diese Theorie geht davon aus, dass in einem bestimmten Moment vor vielen Milliarden Jahren ein Urknall passiert ist.

7. Was wurde während diesem Urknall geschaffen?

Während diesem Urknall wurde das Universum geschaffen.

8. Was macht das Universum seit diesem Moment?

Seit diesem Moment dehnt sich das Universum aus.

9. Was entstand laut dieser Theorie außerdem zu diesem Zeitpunkt?

Außerdem entstanden laut dieser Theorie auch Raum, Zeit und Materie zu diesem Zeitpunkt.

10. Existiert in der Physik etwas außerhalb oder vor dem Universum oder gibt es einen Grund für das Universum?

In der Physik existiert deshalb auch weder etwas außerhalb des Universums, noch vor dem Universum, noch eine Ursache für das Universum.

11. Wie alt ist das Universum nach Schätzungen von Wissenschaftlern im Moment?

Im Moment schätzen Wissenschaftler, dass das Universum ungefähr 13, 81 Milliarden Jahre alt.

12. Was setzen diese Berechnungen natürlich voraus?

Diese Berechnungen setzen natürlich voraus, dass der Urknall wirklich der zeitliche Beginn des Universums ist.

13. Was kann heute ausgeschlossen werden, daher, was ist das Universum nicht?

Heute kann ausgeschlossen werden, dass das Universum statisch, unendlich alt und unendlich groß ist.

14. Was ist eine Begründung hierfür?

Eine Begründung hierfür ist, die Ausdehnung des Weltalls.

15. Was kann aber wegen der beobachteten Expansion im Moment nicht ausgeschlossen werden?

Allerdings kann wegen der beobachteten Expansion ein dynamisches, unendliches Weltall im Moment nicht ausgeschlossen werden.

16. Weswegen kann ein dynamisches, unendliches Weltall im Moment nicht ausgeschlossen werden?

Wegen der beobachteten Expansion kann ein dynamisches unendliches Weltall im Moment nicht ausgeschlossen werden.

17. Gibt es für die Form des Universums nur eine oder mehrere Möglichkeiten, die diskutiert werden?

Für die Form des Universums gibt es mehrere Möglichkeiten, die diskutiert werden.

18. Welche Form ist für viele Menschen intuitiv und logisch, wenn man an die Urknalltheorie denkt?

Wenn man an die Urknalltheorie denkt, ist für viele Menschen eine Kugelform intuitiv und logisch.

19. Wurden auch andere Formen vorgeschlagen?

Ja, es wurden auch andere Formen vorgeschlagen.

20. Welche Formen wurden zum Beispiel vorgeschlagen?

Zum Beispiel ein unendliches flaches Universum, ein Universum, welches wie ein Schwimmring aussieht oder auch wie eine Trompete.

21. Was hält das Universum noch für die Wissenschaft bereit?

Das Universum hält noch viele Rätsel für die Wissenschaft bereit.

22. Was wird der Mensch möglicherweise niemals vollständig können?

Möglicherweise wird der Mensch das Universum niemals vollständig verstehen können.

9. Klimawandel

Das Wort Klimawandel beschreibt die Veränderung des Klimas auf der Erde und aufPlaneten, die der Erde ähnlich sind. Normalerweise passieren die Klimaveränderungen während sehr langen Zeiträumen und sind keine kurzfristigen Phänomene. Das Problem mit dem gegenwärtigen Klimawandel ist, dass sich das Klima in einem sehr kurzen Zeitraum verändert. Seit der Industrialisierung beobachten Wissenschaftler einen andauernden Anstieg der globalen Durchschnittstemperatur in der Atmosphäre und in den Meeren. Als wichtigster Grund für die Erwärmung des Planeten gelten die vom Menschen und seinen Aktivitäten erzeugten Treibhausgase. Weitere wichtige Ursachen sind die konstante Entwaldung des Planeten und die intensive Landwirtschaft. Umso höher die globale Erwärmung am Ende ausfallen wird, umso größer werden die Risiken für Sicherheit, Gesundheit, Wirtschaft und Umwelt sein. Das bedeutet, dass eine Erwärmung um 2 Grad gravierendere Folgen haben wird als eine Begrenzung der Erwärmung auf 1,5 Grad. Auch heute gibt es schon sichtbare Veränderungen und Auswirkungen des Klimawandels, zum Beispiel der Verlust von Schnee- und Eisflächen, der steigende Meeresspiegel oder der Verlust von Tierarten. In der Zukunft wird es sehr wichtig sein, durch eine Anpassung an die heutigen und zukünftigen Veränderungen die Schäden und Kosten soweit wie möglich einzugrenzen und zu reduzieren. Veränderungen, mit deren Hilfe die Eingrenzung und Reduzierung der Schäden erreichbar wären, sind zum Beispiel technologische Maßnahmen, Verhaltensveränderungen oder politische Entscheidungen.

Fragen:

1. Was beschreibt das Wort Klimawandel?

2. Beschreibt das Wort Klimawandel nur die Veränderung des Klimas auf der Erde?

3. Wie lange sind die Zeiträume normalerweise, während denen Klimaveränderungen passieren?

4. Was sind Klimaveränderungen normalerweise nicht?

5. Was ist das Problem mit dem gegenwärtigen Klimawandel?

6. Seit wann beobachten Wissenschaftler einen andauernden Anstieg der globalen Durchschnittstemperatur?

7. Wo beobachten Wissenschaftler einen andauernden Anstieg der globalen Durchschnittstemperatur?

8. Was gilt als wichtigster Grund für die Erwärmung des Planeten?

9. Welche sind weitere wichtige Ursachen?

10. Wie ist der Zusammenhang zwischen der globalen Erwärmung und den resultierenden Risiken?

11. Was bedeutet dieser Zusammenhang?

12. Gibt es heute schon sichtbare Veränderungen und Auswirkungen des Klimawandels?

13.Welche Beispiele gibt es für Veränderungen und Auswirkungen des Klimawandels?

14. Was wird in der Zukunft sehr wichtig sein?

15. Wodurch sollen die Schäden und Kosten soweit wie möglich eingegrenzt und reduziert werden?

16. Was sind zum Beispiel Veränderungen, mit deren Hilfe die Eingrenzung und Reduzierung der Schäden erreichbar wären?

Fragen & Lösungen:

1. Was beschreibt das Wort Klimawandel?

Das Wort Klimawandel beschreibt die Veränderung des Klimas auf der Erde und auf Planeten, die der Erde ähnlich sind.

2. Beschreibt das Wort Klimawandel nur die Veränderung des Klimas auf der Erde?

Nein, es beschreibt die Veränderung des Klimas auf der Erde und Planeten, die der Erde ähnlich sind.

3. Wie lange sind die Zeiträume normalerweise, während denen Klimaveränderungen passieren?

Normalerweise passieren die Klimaveränderungen während sehr langen Zeiträumen.

4. Was sind Klimaveränderungen normalerweise nicht?

Sie sind keine kurzfristigen Phänomene.

5. Was ist das Problem mit dem gegenwärtigen Klimawandel?

Das Problem mit dem gegenwärtigen Klimawandel ist, dass sich das Klima in einem sehr kurzen Zeitraum verändert.

6. Seit wann beobachten Wissenschaftler einen andauernden Anstieg der globalen Durchschnittstemperatur?

Seit der Industrialisierung beobachten Wissenschaftler einen andauernden Anstieg der globalen Durchschnittstemperatur.

7. Wo beobachten Wissenschaftler einen andauernden Anstieg der globalen Durchschnittstemperatur?

Wissenschaftler beobachten einen andauernden Anstieg der globalen Durchschnittstemperatur in der Atmosphäre und in den Meeren.

8. Was gilt als wichtigster Grund für die Erwärmung des Planeten?

Als wichtigster Grund für die Erwärmung des Planeten gelten die vom Menschen und seinen Aktivitäten erzeugten Treibhausgase.

9. Welche sind weitere wichtige Ursachen?

Weitere wichtige Ursachen sind die konstante Entwaldung des Planeten und die intensive Landwirtschaft.

10. Wie ist der Zusammenhang zwischen der globalen Erwärmung und den resultierenden Risiken?

Umso höher die globale Erwärmung am Ende ausfallen wird, umso größer werden die Risiken für Sicherheit, Gesundheit, Wirtschaft und Umwelt sein.

11. Was bedeutet dieser Zusammenhang?

Das bedeutet, dass eine Erwärmung um 2 Grad gravierendere Folgen haben wird als eine Begrenzung der Erwärmung auf 1,5 Grad.

12. Gibt es heute schon sichtbare Veränderungen und Auswirkungen des Klimawandels?

Auch heute gibt es schon sichtbare Veränderungen und Auswirkungen des Klimawandels.

13.Welche Beispiele gibt es für Veränderungen und Auswirkungen des Klimawandels?

Zum Beispiel der Verlust von Schnee- und Eisflächen, der steigende Meeresspiegel oder der Verlust von Tierarten.

14. Was wird in der Zukunft sehr wichtig sein?

In der Zukunft wird es sehr wichtig sein, durch eine Anpassung an die heutigen und zukünftigen Veränderungen die Schäden und Kosten soweit wie möglich einzugrenzen und zu reduzieren.

15. Wodurch sollen die Schäden und Kosten soweit wie möglich eingegrenzt und reduziert werden?

Durch eine Anpassung an die heutigen und zukünftigen Veränderungen sollen die Schäden und Kosten soweit wie möglich eingegrenzt und reduziert werden.

16. Was sind zum Beispiel Veränderungen, mit deren Hilfe die Eingrenzung und Reduzierung der Schäden erreichbar wären?

Veränderungen, mit deren Hilfe die Eingrenzung und Reduzierung der Schäden erreichbar wären, sind zum Beispiel technologische Maßnahmen, Verhaltensveränderungen oder politische Entscheidungen.

10. Geburt eines Kindes

Die Geburt eines Kindes ist eine der größten und schönsten Erfahrungen, die ein Mensch während seiner Lebenszeit machen kann. Die durchschnittliche Dauer einer Schwangerschaft beim Menschen beträgt 266 Tage. Die Schwangerschaft endet, wenn der Fötus nach dem Geburtsprozess die Gebärmutter der Mutter verlässt. Auch wenn es heute möglich ist, den Geburtstermin relativ genau zu berechnen, kommen nur ungefähr vier Prozent der Kinder zum berechneten Termin auf die Welt. Wenn der Zeitpunkt gekommen ist, kann sich die Geburt des Kindes durch verschiedene Symptome ankündigen. Das wichtigste und häufigste Symptom sind die Wehen. Die Wehen kommen zu Beginn nur etwa alle 10 Minuten und dauern ungefähr 30-60 Sekunden. Im Laufe des Geburtsprozesses steigt die Häufigkeit der Wehen bis zu einer durchschnittlichen Frequenz von 6-7 Wehen in 15 Minuten. Eine menschliche Geburt kann ein sehr schmerzhafter Prozess für eine Frau sein. Dafür gibt es zwei Gründe, welche menschliche Besonderheiten sind. Der erste Grund ist der verhältnismäßig sehr große Kopf des Babys, was durch das relativ große Gehirn bedingt ist. Der zweite Grund ist der aufrechte Gang des Menschen. Schmerzen entstehen bei einer normalen Geburt nur während der Wehen. In den Zeiten, in denen die Frau keine Wehen hat, kann sie die Zeit bewusst zu Ruhe und Erholung nutzen und versuchen, neue Kraft für den nächsten Schub Wehen zu sammeln. Sollte es zu Problemen bei der Geburt kommen, zum Beispiel im Falle einer Gefahr für die Gesundheit oder das Leben der Frau oder des Kindes, gibt es die Möglichkeit eines medizinischen, operativen Eingriffs, der Kaiserschnitt genannt wird. Bei diesem Vorgang werden die Bauchdecke und die Gebärmutter chirurgisch geöffnet und das Kind kommt mit Hilfe der Ärzte auf die Welt, während die Frau unter Narkose ist.

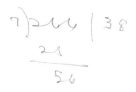

Fragen:

1. Was ist eine der schönsten Erfahrungen, die ein Mensch während seiner Lebenszeit machen kann?

2. Ist die Geburt eines Kindes eine schöne Erfahrung für einen Menschen?

3. Während welcher Zeit kann ein Mensch diese Erfahrung machen?

4. Wie viele Tage beträgt die durchschnittliche Dauer einer Schwangerschaft beim Menschen?

5. Wann endet die Schwangerschaft?

6. Was verlässt der Fötus nach dem Geburtsprozess?

7. Ist es heute möglich, den Geburtstermin zu berechnen?

8. Aber nur wie viele Kinder kommen zum berechneten Termin auf die Welt?

9. Wie kann sich die Geburt des Kindes ankündigen, wenn der Zeitpunkt gekommen ist?

10. Welches ist das wichtigste und häufigste Symptom?

11. Wie häufig kommen die Wehen zu Beginn?

12. Wie lange dauern die Wehen zu Beginn?

13. Was passiert mit der Häufigkeit der Wehen im Laufe des Geburtsprozesses?

14. Wie kann der Prozess einer menschlichen Geburt für eine Frau sein?

15. Sind die Gründe für den schmerzhaften Geburtsprozess menschliche Besonderheiten?

16. Welcher ist der erste Grund für den schmerzhaften Geburtsprozess?

17. Warum ist der Kopf des Babys verhältnismäßig groß?

18. Welcher ist der zweite Grund für den schmerzhaften Geburtsprozess?

19. Wann entstehen Schmerzen während dem Geburtsprozess?

20. Was kann die Frau in den Zeiten machen, in denen sie keine Wehen hat?

21. Wofür kann sie in den Ruhephasen versuchen, Kraft sammeln?

22. Welche Möglichkeit gibt es im Falle einer Gefahr für die Gesundheit oder das Leben der Frau oder des Kindes?

23. In welchem Fall gibt es die Möglichkeit eines medizinischen, operativen Eingriffs?

24. Was passiert bei diesem Vorgang?

25. Mit wessen Hilfe kommt das Kind dann zur Welt?

26. Wird der Kaiserschnitt gemacht, während die Frau bei Bewusstsein ist?

Fragen & Lösungen:

1. Was ist eine der schönsten Erfahrungen, die ein Mensch während seiner Lebenszeit machen kann?

Die Geburt eines Kindes ist eine der größten und schönsten Erfahrungen.

2. Ist die Geburt eines Kindes eine schöne Erfahrung für einen Menschen?

Die Geburt eines Kindes ist eine der größten und schönsten Erfahrungen, die ein Mensch während seiner Lebenszeit machen kann.

3. Während welcher Zeit kann ein Mensch diese Erfahrung machen?

Während seiner Lebenszeit kann ein Mensch diese Erfahrung machen.

4. Wie viele Tage beträgt die durchschnittliche Dauer einer Schwangerschaft beim Menschen?

Die durchschnittliche Dauer einer Schwangerschaft beim Menschen beträgt 266 Tage.

5. Wann endet die Schwangerschaft?

Die Schwangerschaft endet, wenn der Fötus nach dem Geburtsprozess die Gebärmutter der Mutter verlässt.

6. Was verlässt der Fötus nach dem Geburtsprozess?

Der Fötus verlässt nach dem Geburtsprozess die Gebärmutter der Mutter.

7. Ist es heute möglich, den Geburtstermin zu berechnen?

Ja, heute ist es möglich, den Geburtstermin relativ genau zu berechnen.

8. Aber nur wie viele Kinder kommen zum berechneten Termin auf die Welt?

Nur ungefähr vier Prozent der Kinder kommen zum berechneten Termin auf die Welt.

9. Wie kann sich die Geburt des Kindes ankündigen, wenn der Zeitpunkt gekommen ist?

Wenn der Zeitpunkt gekommen ist, kann sich die Geburt des Kindes durch verschiedene Symptome ankündigen.

10. Welches ist das wichtigste und häufigste Symptom?

Das wichtigste und häufigste Symptom sind die Wehen.

11. Wie häufig kommen die Wehen zu Beginn?

Die Wehen kommen zu Beginn nur etwa alle 10 Minuten.

12. Wie lange dauern die Wehen zu Beginn?

Sie dauern ungefähr 30-60 Sekunden.

13. Was passiert mit der Häufigkeit der Wehen im Laufe des Geburtsprozesses?

Im Laufe des Geburtsprozesses steigt die Häufigkeit der Wehen bis zu einer durchschnittlichen Frequenz von 6-7 Wehen in 15 Minuten.

14. Wie kann der Prozess einer menschlichen Geburt für eine Frau sein?

Eine menschliche Geburt kann ein sehr schmerzhafter Prozess für eine Frau sein.

15. Sind die Gründe für den schmerzhaften Geburtsprozess menschliche Besonderheiten?

Ja, es gibt zwei Gründe, welche menschliche Besonderheiten sind.

16. Welcher ist der erste Grund für den schmerzhaften Geburtsprozess?

Der erste Grund ist der verhältnismäßig sehr große Kopf des Babys.

17. Warum ist der Kopf des Babys verhältnismäßig groß?

Dass der Kopf verhältnismäßig groß ist, ist durch das relativ große Gehirn bedingt.

18. Welcher ist der zweite Grund für den schmerzhaften Geburtsprozess?

Der zweite Grund ist der aufrechte Gang des Menschen.

19. Wann entstehen Schmerzen während dem Geburtsprozess?

Schmerzen entstehen bei einer normalen Geburt nur während der Wehen.

20. Was kann die Frau in den Zeiten machen, in denen sie keine Wehen hat?

Sie kann die Zeit bewusst zu Ruhe und Erholung nutzen.

21. Wofür kann sie in den Ruhephasen versuchen, Kraft sammeln?

Sie kann versuchen, neue Kraft für den nächsten Schub Wehen zu sammeln.

22. Welche Möglichkeit gibt es im Falle einer Gefahr für die Gesundheit oder das Leben der Frau oder des Kindes?

Im Falle einer Gefahr für die Gesundheit oder das Leben der Frau oder des Kindes, gibt es die Möglichkeit eines medizinischen, operativen Eingriffs, der Kaiserschnitt genannt wird.

23. In welchem Fall gibt es die Möglichkeit eines medizinischen, operativen Eingriffs?

Im Falle einer Gefahr für die Gesundheit oder das Leben der Frau oder des Kindes.

24. Was passiert bei diesem Vorgang?

Bei diesem Vorgang werden die Bauchdecke und die Gebärmutter chirurgisch geöffnet.

25. Mit wessen Hilfe kommt das Kind dann zur Welt?

Das Kind kommt mit Hilfe der Ärzte auf die Welt.

26. Wird der Kaiserschnitt gemacht, während die Frau bei Bewusstsein ist?

Nein, der Kaiserschnitt wird gemacht, während die Frau unter Narkose ist.

11. Evolution

Lebewesen sind komplexe Organismen, welche sich durch verschiedene Merkmale voneinander unterscheiden. Diese Merkmale sind in Form von Genen codiert, welche mittels Fortpflanzung kopiert und an die nächste Generation weitergegeben werden. Die Gene der Nachkommen sind nicht immer absolut identisch zu den Genen der Elterngeneration. Durch Mutationen kann es zur Entstehung von verschiedenen Varianten von Genen kommen, welche sich dann in Veränderungen in den Merkmalen bemerkbar machen. Eine Weiterentwicklung in einer Population passiert dann, wenn ein bestimmtes Merkmal häufiger oder seltener wird. Dies passiert normalerweise, weil ein Merkmal oder eine Kombination von Merkmalen einen Vorteil für die Fortpflanzung generiert, was bedeutet, dass die Zahl der Individuen, die das Merkmal in sich tragen, steigt. Oder, weil ein Merkmal oder eine Kombination von Merkmalen einen Nachteil für die Fortpflanzung generiert, was bedeutet, dass die Zahl der Individuen, die das Merkmal in sich tragen, sinkt. Der wohl bekannteste und bedeutendste Name beim Thema Evolution ist ohne Zweifel Charles Darwin. Er unternahm Anfang des 19. Jahrhunderts eine fast fünf Jahre lange Reise, während der er viele Studien und Beobachtungen machte, die später zur Grundlage seiner wichtigsten wissenschaftlichen Erfolge werden sollten. 1838 entwarf Darwin seine Theorie über die Anpassung von Organismen an ihre Umwelt. In seiner Theorie entwickelte Darwin die Idee, dass Lebewesen sich durch genetische Variation und natürliche Selektion an ihre Lebensräume anpassen. In den nächsten zwanzig Jahren verfolgte er dann das ehrgeizige Ziel, so viele Belege wie möglich für seine Theorie zusammenzutragen. Im Jahr 1859 veröffentlichte er schließlich seine Erkenntnisse in seinem Hauptwerk „*Über die Entstehung der Arten*". Das Buch ist eine streng wissenschaftliche Erklärung für die Diversität des Lebens und bildet die Grundlage für die moderne Evolutionsbiologie. In einem zweiten wichtigen Buch, „*Die Abstammung des Menschen*", diskutierte Darwin einen zweiten bedeutenden Selektionsmechanismus, die sexuelle Selektion, und erklärte mit ihrer Hilfe die Abstammung des Menschen.

Fragen:

1. Was sind Lebewesen?

2. Wodurch entscheiden sich diese komplexen Organismen?

3. In welcher Form sind diese Merkmale codiert?

4. Mittels was werden die codierten Gene kopiert?

5. Die Gene werden mittels Fortpflanzung kopiert und was passiert dann?

6. Sind die Gene der Nachkommen immer absolut identisch zu den Genen der Elterngeneration?

7. Zu welchen Genen sind die Gene der Nachkommen nicht immer absolut identisch?

8. Wozu kann es durch Mutationen kommen?

9. Wo machen sich die Mutationen dann bemerkbar?

10. Wann passiert eine Weiterentwicklung in der Population?

11. Warum passiert diese Weiterentwicklung normalerweise?

12. Was generiert ein Merkmal oder eine Kombination von Merkmalen für die Fortpflanzung?

13. Was bedeutet dieser Vorteil für die Zahl der Individuen in der Population?

14. Warum wird ein Merkmal in einer Population seltener?

15. Was bedeutet dieser Nachteil für die Population?

16. Welcher ist der wohl bekannteste und bedeutendste Name beim Thema Evolution?

17. Was unternahm er Anfang des 19. Jahrhunderts?

18. Was machte er während seiner fünf Jahre langen Reise?

19. Wozu sollten die vielen Studien und Beobachtungen werden?

20. Was entwarf Darwin 1838?

21. Welche Idee entwickelte Darwin in seiner Theorie?

22. Wodurch passen sich Lebewesen an ihre Lebensräume an?

23. Was verfolgte Darwin dann in den nächsten zwanzig Jahren?

24. Was war das ehrgeizige Ziel, welches Darwin verfolgte?

25. Wo veröffentlichte er schließlich 1859 seine Erkenntnisse?

26. Was ist das Buch?

27. Wofür bildet das Buch die Grundlage?

28. Was diskutierte Darwin in seinem zweiten wichtigen Buch, „*Die Abstammung des Menschen*"?

29. Was ist der zweite bedeutende Selektionsmechanismus?

30. Was erklärte er mit Hilfe der sexuellen Selektion?

Fragen & Antworten:

1. Was sind Lebewesen?

Lebewesen sind komplexe Organismen.

2. Wodurch entscheiden sich diese komplexen Organismen?

Lebewesen sind komplexe Organismen, welche sich durch verschiedene Merkmale voneinander unterscheiden.

3. In welcher Form sind diese Merkmale codiert?

Diese Merkmale sind in Form von Genen codiert.

4. Mittels was werden die codierten Gene kopiert?

Die codierten Gene werden mittels Fortpflanzung kopiert.

5. Die Gene werden mittels Fortpflanzung kopiert und was passiert dann?

Sie werden an die nächste Generation weitergegeben.

6. Sind die Gene der Nachkommen immer absolut identisch zu den Genen der Elterngeneration?

Die Gene der Nachkommen sind nicht immer absolut identisch zu den Genen der Elterngeneration.

7. Zu welchen Genen sind die Gene der Nachkommen nicht immer absolut identisch?

Zu den Genen der Elterngeneration sind sie nicht immer absolut identisch.

8. Wozu kann es durch Mutationen kommen?

Durch Mutationen kann es zur Entstehung von verschiedenen Varianten von Genen kommen.

9. Wo machen sich die Mutationen dann bemerkbar?

Sie machen sich dann in Veränderungen in den Merkmalen bemerkbar.

10. Wann passiert eine Weiterentwicklung in der Population?

Eine Weiterentwicklung in einer Population passiert dann, wenn ein bestimmtes Merkmal häufiger oder seltener wird.

11. Warum passiert diese Weiterentwicklung normalerweise?

Dies passiert normalerweise, weil ein Merkmal oder eine Kombination von Merkmalen einen Vorteil für die Fortpflanzung generiert.

12. Was generiert ein Merkmal oder eine Kombination von Merkmalen für die Fortpflanzung?

Sie generieren einen Vorteil für die Fortpflanzung.

13. Was bedeutet dieser Vorteil für die Zahl der Individuen in der Population?

Das bedeutet, dass die Zahl der Individuen, die das Merkmal in sich tragen, steigt.

14. Warum wird ein Merkmal in einer Population seltener?

Ein Merkmal wird seltener, weil ein Merkmal oder eine Kombination von Merkmalen einen Nachteil für die Fortpflanzung generiert.

15. Was bedeutet dieser Nachteil für die Population?

Das bedeutet, dass die Zahl der Individuen, die das Merkmal in sich tragen, sinkt.

16. Welcher ist der wohl bekannteste und bedeutendste Name beim Thema Evolution?

Der wohl bekannteste und bedeutendste Name beim Thema Evolution ist ohne Zweifel Charles Darwin.

17. Was unternahm er Anfang des 19. Jahrhunderts?

Er unternahm Anfang des 19. Jahrhunderts eine fast fünf Jahre lange Reise.

18. Was machte er während seiner fünf Jahre langen Reise?

Er machte viele Studien und Beobachtungen während seine Reise.

19. Wozu sollten die vielen Studien und Beobachtungen werden?

Sie sollten später zur Grundlage seiner wichtigsten wissenschaftlichen Erfolge werden.

20. Was entwarf Darwin 1838?

1838 entwarf Darwin seine Theorie über die Anpassung von Organismen an ihre Umwelt.

21. Welche Idee entwickelte Darwin in seiner Theorie?

In seiner Theorie entwickelte Darwin die Idee, dass Lebewesen sich durch genetische Variation und natürliche Selektion an ihre Lebensräume anpassen.

22. Wodurch passen sich Lebewesen an ihre Lebensräume an?

Lebewesen passen sich durch genetische Variation und natürliche Selektion an ihre Lebensräume an.

23. Was verfolgte Darwin dann in den nächsten zwanzig Jahren?

In den nächsten zwanzig Jahren verfolgte er dann das ehrgeizige Ziel, so viele Belege wie möglich für seine Theorie zusammenzutragen.

24. Was war das ehrgeizige Ziel, welches Darwin verfolgte?

Sein ehrgeiziges Ziel war, so viele Belege wie möglich für seine Theorie zusammenzutragen.

25. Wo veröffentlichte er schließlich 1859 seine Erkenntnisse?

Im Jahr 1859 veröffentlichte er schließlich seine Erkenntnisse in seinem Hauptwerk „*Über die Entstehung der Arten*".

26. Was ist das Buch?

Das Buch ist eine streng wissenschaftliche Erklärung für die Diversität des Lebens.

27. Wofür bildet das Buch die Grundlage?

Es bildet die Grundlage für die moderne Evolutionsbiologie.

28. Was diskutierte Darwin in seinem zweiten wichtigen Buch, „*Die Abstammung des Menschen*"?

In einem zweiten wichtigen Buch, „*Die Abstammung des Menschen*", diskutierte Darwin einen zweiten bedeutenden Selektionsmechanismus.

29. Was ist der zweite bedeutende Selektionsmechanismus?

Der zweite bedeutende Selektionsmechanismus ist die sexuelle Selektion.

30. Was erklärte er mit Hilfe der sexuellen Selektion?

Er erklärte mit ihrer Hilfe die Abstammung des Menschen.

12. Schach

Schach ist ein Brettspiel, welches weltweit sehr beliebt und bekannt ist. Über seinen Ursprung ist nicht sehr viel bekannt. Es wird vermutet, dass das ursprüngliche Schachspiel aus Nordindien kommt. Dieses Urschach wurde „Chaturanga" genannt. Allerdings weiß man nicht sehr viele Details über die Entwicklung dieses Spiels und es gibt sehr wenige Informationen, die als sicher gelten. Über Persien und später durch die islamische Expansion im Zuge der Eroberungszüge der Araber wurde das Schachspiel weiter verbreitet. Man geht davon aus, dass das Schachspiel spätestens im 13. Jahrhundert ein fester Bestandteil der europäischen Kultur war, da es in dieser Zeit bereits zu den sieben Tugenden der Ritter gehörte. Ab dem 15. Jahrhundert kam es zu einer tiefgreifenden Reform der Spielregeln, bei welcher Stück für Stück die heute noch gültigen Regeln eingeführt wurden. Ab dem 18. und 19. Jahrhundert fand das Brettspiel seinen Weg hinein in die bürgerliche Kultur. Diese Entwicklung brachte Änderungen in der Weise, wie das Spiel gespielt wurde und machte das Spiel populär. Im Jahr 1851 wurde das erste große Schachturnier im Zuge der Weltausstellung in London veranstaltet. Schach ist eines der komplexesten Brettspiele. Es gibt eine riesige Zahl von möglichen Spielverläufen. Schätzungen zeigen, dass allein nach den ersten 20 Zügen schon mehr als eine Milliarde verschiedene Spielverläufe möglich sind. Das Schachbrett besteht aus 64 Feldern und jeder Spieler hat zu Beginn der Partie 16 Spielfiguren. Die Spieler wechseln sich nach jedem Zug ab, das heißt, ein Spieler führt einen Zug mit einer seiner Figuren aus und danach ist der andere Spieler mit seinem Zug an der Reihe. Auf einem Feld darf immer nur eine Figur stehen. Kann ein Spieler ein Feld besetzen, auf dem eine gegnerische Spielfigur steht, schlägt er diese und der Gegner verliert die Figur. Wenn einer der Spieler es schafft, den König zu schlagen, endet das Spiel.

Fragen:

1. Was ist Schach?

2. Ist viel über seinen Ursprung bekannt?

3. Was wird vermutet, woher das ursprüngliche Schachspiel kommt?

4. Wie wurde dieses Urschach genannt?

5. Weiß man viele Details über die Entwicklung dieses Spiels?

6. Gibt es viele oder wenige Informationen, die als sicher gelten?

7. Auf welche Weise wurde das Schachspiel weiter verbreitet?

8. Welche Expansion war sehr wichtig für die Verbreitung des Schachspiels?

9. Was war das Schachspiel spätestens im 13. Jahrhundert?

10. Warum geht man davon aus?

11. Wozu kam es ab dem 15. Jahrhundert?

12. Was wurde bei dieser Reform Stück für Stück eingeführt?

13. Wohinein fand das Brettspiel seinen Weg ab dem 18. und 19. Jahrhundert?

14. Was brachte diese Entwicklung für das Spiel?

15. Was machte diese Entwicklung auch mit dem Spiel?

16. Was wurde im Jahr 1851 in London das erste Mal veranstaltet?

17. Im Zuge welcher Veranstaltung wurde das erste große Schachturnier veranstaltet?

18. Ist Schach ein komplexes Brettspiel?

19. Gibt es viele mögliche Spielverläufe in diesem Brettspiel?

20. Was zeigen Schätzungen, wie viele Spielverläufe nach den ersten 20 Zügen möglich sind?

21. Aus wie vielen Feldern besteht das Schachbrett?

22. Wie viele Spielfiguren hat jeder Spieler zu Beginn der Partie?

23. Was machen die Spieler nach jedem Zug?

24. Was bedeutet, die Spieler wechseln sich nach jedem Zug ab?

25. Wie viele Figuren dürfen auf einem Feld stehen?

26. Was passiert, wenn ein Spieler ein Feld, auf dem eine gegnerische Spielfigur steht, besetzen kann?

27. Was bedeutet es für den Gegner, wenn der Spieler seine Figur schlägt?

28. Wann ist das Spiel zu Ende?

Fragen & Antworten:

1. Was ist Schach?

Schach ist ein Brettspiel, welches weltweit sehr beliebt und bekannt ist.

2. Ist viel über seinen Ursprung bekannt?

Über seinen Ursprung ist nicht sehr viel bekannt.

3. Was wird vermutet, woher das ursprüngliche Schachspiel kommt?

Es wird vermutet, dass das ursprüngliche Schachspiel aus Nordindien kommt.

4. Wie wurde dieses Urschach genannt?

Dieses Urschach wurde „*Chaturanga*" genannt.

5. Weiß man viele Details über die Entwicklung dieses Spiels?

Allerdings weiß man nicht sehr viele Details über die Entwicklung dieses Spiels.

6. Gibt es viele oder wenige Informationen, die als sicher gelten?

Es gibt sehr wenige Informationen, die als sicher gelten.

7. Auf welche Weise wurde das Schachspiel weiter verbreitet?

Über Persien und später durch die islamische Expansion im Zuge der Eroberungszüge der Araber wurde das Schachspiel weiter verbreitet.

8. Welche Expansion war sehr wichtig für die Verbreitung des Schachspiels?

Die islamische Expansion im Zuge der Eroberungszüge der Araber war sehr wichtig für die Verbreitung des Schachspiels.

9. Was war das Schachspiel spätestens im 13. Jahrhundert?

Man geht davon aus, dass das Schachspiel spätestens im 13. Jahrhundert ein fester Bestandteil der europäischen Kultur war.

10. Warum geht man davon aus?

Da es in dieser Zeit bereits zu den sieben Tugenden der Ritter gehörte.

11. Wozu kam es ab dem 15. Jahrhundert?

Ab dem 15. Jahrhundert kam es zu einer tiefgreifenden Reform der Spielregeln.

12. Was wurde bei dieser Reform Stück für Stück eingeführt?

Bei dieser Reform wurden Stück für Stück die heute noch gültigen Regeln eingeführt.

13. Wohinein fand das Brettspiel seinen Weg ab dem 18. und 19. Jahrhundert?

Ab dem 18. und 19. Jahrhundert fand das Brettspiel seinen Weg hinein in die bürgerliche Kultur.

14. Was brachte diese Entwicklung für das Spiel?

Diese Entwicklung brachte Änderungen in der Weise, wie das Spiel gespielt wurde.

15. Was machte diese Entwicklung auch mit dem Spiel?

Diese Entwicklung machte das Spiel populär.

16. Was wurde im Jahr 1851 in London das erste Mal veranstaltet?

Im Jahr 1851 wurde das erste große Schachturnier im Zuge der Weltausstellung in London veranstaltet.

17. Im Zuge welcher Veranstaltung wurde das erste große Schachturnier veranstaltet?

Im Zuge der Weltausstellung in London wurde das erste große Schachturnier veranstaltet.

18. Ist Schach ein komplexes Brettspiel?

Schach ist eines der komplexesten Brettspiele.

19. Gibt es viele mögliche Spielverläufe in diesem Brettspiel?

Es gibt eine riesige Zahl von möglichen Spielverläufen.

20. Was zeigen Schätzungen, wie viele Spielverläufe nach den ersten 20 Zügen möglich sind?

Schätzungen zeigen, dass allein nach den ersten 20 Zügen schon mehr als eine Milliarde verschiedene Spielverläufe möglich sind.

21. Aus wie vielen Feldern besteht das Schachbrett?

Das Schachbrett besteht aus 64 Feldern.

22. Wie viele Spielfiguren hat jeder Spieler zu Beginn der Partie?

Jeder Spieler hat zu Beginn der Partie 16 Spielfiguren.

23. Was machen die Spieler nach jedem Zug?

Die Spieler wechseln sich nach jedem Zug ab.

24. Was bedeutet, die Spieler wechseln sich nach jedem Zug ab?

Das heißt, ein Spieler führt einen Zug mit einer seiner Figuren aus und danach ist der andere Spieler mit seinem Zug an der Reihe.

25. Wie viele Figuren dürfen auf einem Feld stehen?

Auf einem Feld darf immer nur eine Figur stehen.

26. Was passiert, wenn ein Spieler ein Feld, auf dem eine gegnerische Spielfigur steht, besetzen kann?

Kann ein Spieler ein Feld besetzen, auf dem eine gegnerische Spielfigur steht, schlägt er diese.

27. Was bedeutet es für den Gegner, wenn der Spieler seine Figur schlägt?

Der Gegner verliert de Figur.

28. Wann ist das Spiel zu Ende?

Wenn einer der Spieler es schafft, den König zu schlagen, endet das Spiel.

13. Saxophon

Das Saxophon ist eine Erfindung des Belgiers Adolphe Sax. Er erfand es im Jahr 1840. Adolphe Sax war der Meinung, dass es zu diesem Zeitpunkt kein Holzblasinstrument gab, welches einen guten Klang in der tiefen Lage hatte. Die Pariser Werkstatt von Adolphe Sax wurde 1929 von Henri Selmer übernommen und dieser erwarb auch alle Patentrechte für das Saxophon. Die Saxophone von Henri Selmer Paris zählen zu den besten Instrumenten, die es zu kaufen gibt und haben heute unter Saxophonspielern Kultstatus. Allerdings dauerte es eine relativ lange Zeit, bis das Instrument populär wurde. Sehr wichtig für diese Entwicklung war die Entstehung des Jazz in New Orleans. Eigentlich hatte sein Erfinder das Instrument überhaupt nicht für diese Musikrichtung entworfen, sondern hatte bei seiner Entwicklung klassische Konzertmusik im Kopf gehabt. In der klassischen Musik spielt das Instrument bis heute allerdings keine große Rolle. Das Alt- und das Tenorsaxophon sind die zwei Saxophontypen, welche am häufigsten benutzt werden. Das Altsaxophon eignet sich aufgrund seiner Größe, seines Gewichts und seines Preises sehr für Kinder und Jugendliche und ist wohl auch deshalb am beliebtesten. Um das Saxophon zu spielen, nimmt man das Mundstück in den Mund. Die oberen Schneidezähne ruhen oben auf dem Mundstück, allerdings ohne in das Mundstück zu beißen. Zum Schutz der Mundstücke gibt es zusätzlich spezielle Schaumstoffkissen, die man auf die Stelle kleben kann, wo die Schneidezähne ruhen. Von unten drückt der Spieler mit der Unterlippe gegen das Holzblatt, welches durch seine Schwingung den Ton erzeugt. Dann bläst man in das Mundstück und versucht, dass Holzblatt zum Schwingen zu bringen. Wichtig hierbei ist, dass man nicht normal bläst, wie zum Beispiel, wenn man eine Kerze ausbläst, sondern eher, wie wenn man gegen eine Fensterscheibe haucht. Die linke Hand spielt dann die oberen Tasten des Instruments und die rechte Hand spielt die unteren Tasten. Das Saxophon ist ein großartiges Instrument, welches sehr viel Spaß macht und dem Spieler eine fast unendliche Auswahl an Musikrichtungen ermöglicht.

Fragen:

1. Wessen Erfindung ist das Saxophon?

2. Wann erfand er das Saxophon?

3. Welcher Meinung war Adolphe Sax zu diesem Zeitpunkt?

4. Was passierte mit der Pariser Werkstatt von Adolphe Sax 1929?

5. Was erwarb Henri Selmer ebenfalls?

6. Wozu zählen die Instrumente von Henri Selmer?

7. Welchen Status haben die Instrumente heute unter Saxophonspielern?

8. Wurde das Saxophon schnell populär unter Musikern?

9. Was war sehr wichtig für diese Entwicklung?

10. Hatte der Erfinder des Saxophons das Instrument für diese Musikrichtung entworfen?

11. Sondern was hatte sein Erfinder bei seiner Entwicklung im Kopf gehabt?

12. Spielt das Instrument heute in der klassischen Musik eine wichtige Rolle?

13. Welche sind die Saxophontypen, welche am häufigsten benutzt werden?

14. Warum eignet sich das Altsaxophon sehr für Kinder und Jugendliche?

15. Was ist es deshalb wohl auch?

16. Was nimmt man in den Mund, um das Saxophon zu spielen?

17. Wo ruhen die oberen Schneidezähne?

18. Beißt man in das Mundstück mit den Schneidezähnen?

19. Was gibt es zum Schutz der Mundstücke?

20. Was macht man mit den speziellen Schaumstoffkissen?

21. Was macht der Spieler von unten mit der Unterlippe?

22. Was erzeugt das Holzblatt durch seine Schwingung?

23. Was macht man dann mit dem Mundstück?

24. Was versucht man?

25. Was ist hierbei wichtig?

26. Sondern wie soll man eher blasen?

27. Was spielt die linke Hand und was spielt die rechte Hand?

28. Ist das Saxophon ein tolles Instrument?

29. Was ermöglicht es dem Spieler?

Fragen & Antworten:

1. Wessen Erfindung ist das Saxophon?

Das Saxophon ist eine Erfindung des Belgiers Adolphe Sax.

2. Wann erfand er das Saxophon?

Er erfand es im Jahr 1840.

3. Welcher Meinung war Adolphe Sax zu diesem Zeitpunkt?

Adolphe Sax war der Meinung, dass es zu diesem Zeitpunkt kein Holzblasinstrument gab, welches einen guten Klang in der tiefen Lage hatte.

4. Was passierte mit der Pariser Werkstatt von Adolphe Sax 1929?

Die Pariser Werkstatt von Adolphe Sax wurde 1929 von Henri Selmer übernommen.

5. Was erwarb Henri Selmer ebenfalls?

Dieser erwarb auch alle Patentrechte für das Saxophon.

6. Wozu zählen die Instrumente von Henri Selmer?

Die Saxophone von Henri Selmer Paris zählen zu den besten Instrumenten, die es zu kaufen gibt.

7. Welchen Status haben die Instrumente heute unter Saxophonspielern?

Sie haben heute unter Saxophonspielern Kultstatus.

8. Wurde das Saxophon schnell populär unter Musikern?

Allerdings dauerte es eine relativ lange Zeit, bis das Instrument populär wurde.

9. Was war sehr wichtig für diese Entwicklung?

Sehr wichtig für diese Entwicklung war die Entstehung des Jazz in New Orleans.

10. Hatte der Erfinder des Saxophons das Instrument für diese Musikrichtung entworfen?

Eigentlich hatte sein Erfinder das Instrument überhaupt nicht für diese Musikrichtung entworfen.

11. Sondern was hatte sein Erfinder bei seiner Entwicklung im Kopf gehabt?

Sondern er hatte bei seiner Entwicklung klassische Konzertmusik im Kopf gehabt.

12. Spielt das Instrument heute in der klassischen Musik eine wichtige Rolle?

In der klassischen Musik spielt das Instrument bis heute allerdings keine große Rolle.

13. Welche sind die Saxophontypen, welche am häufigsten benutzt werden?

Das Alt- und das Tenorsaxophon sind die zwei Saxophontypen, welche am häufigsten benutzt werden.

14. Warum eignet sich das Altsaxophon sehr für Kinder und Jugendliche?

Das Altsaxophon eignet sich aufgrund seiner Größe, seines Gewichts und seines Preises sehr für Kinder und Jugendliche.

15. Was ist es deshalb wohl auch?

Es ist wohl auch deshalb am beliebtesten.

16. Was nimmt man in den Mund, um das Saxophon zu spielen?

Um das Saxophon zu spielen, nimmt man das Mundstück in den Mund.

17. Wo ruhen die oberen Schneidezähne?

Die oberen Schneidezähne ruhen oben auf dem Mundstück.

18. Beißt man in das Mundstück mit den Schneidezähnen?

Die oberen Schneidezähne ruhen oben auf dem Mundstück, allerdings ohne in das Mundstück zu beißen.

19. Was gibt es zum Schutz der Mundstücke?

Zum Schutz der Mundstücke gibt es zusätzlich spezielle Schaumstoffkissen.

20. Was macht man mit den speziellen Schaumstoffkissen?

Man klebt sie auf die Stelle, wo die Schneidezähne ruhen.

21. Was macht der Spieler von unten mit der Unterlippe?

Von unten drückt der Spieler mit der Unterlippe gegen das Holzblatt.

22. Was erzeugt das Holzblatt durch seine Schwingung?

Es erzeugt durch seine Schwingung den Ton.

23. Was macht man dann mit dem Mundstück?

Dann bläst man in das Mundstück.

24. Was versucht man?

Man versucht, dass Holzblatt zum Schwingen zu bringen.

25. Was ist hierbei wichtig?

Wichtig hierbei ist, dass man nicht normal bläst, wie zum Beispiel, wenn man eine Kerze ausbläst.

26. Sondern wie soll man eher blasen?

Sondern man soll eher blasen, wie wenn man gegen eine Fensterscheibe haucht.

27. Was spielt die linke Hand und was spielt die rechte Hand?

Die linke Hand spielt dann die oberen Tasten des Instruments und die rechte Hand spielt die unteren Tasten.

28. Ist das Saxophon ein tolles Instrument?

Das Saxophon ist ein großartiges Instrument, welches sehr viel Spaß macht.

29. Was ermöglicht es dem Spieler?

Es ermöglicht dem Spieler eine fast unendliche Auswahl an Musikrichtungen.

14. Oktoberfest

Wenn man auf Reisen in anderen Ländern ist und erzählt, dass man aus Deutschland kommt, ist eines der ersten Wörter, das man von seinem Gesprächspartner hört, oft "Oktoberfest". Das Oktoberfest in München gilt als das größte Volksfest der Welt. Am 12. Oktober 1810 feierten der Prinz Ludwig von Bayern und die Prinzessin Therese Hochzeit. Anlässlich dieser Hochzeit gab es in München jede Menge privater und öffentlicher Feiern, unter anderem auch ein großes Pferderennen. Der Ort für die Austragung des Pferderennens war die heutige Teresienwiese. Hinter ihr gibt es einen kleinen Berg, welche als Zuschauertribüne für das Rennen diente. Oben auf dem Berg hinter der Tribüne wurden Speisen und Getränke angeboten. Im Jahr 1813 musste das Oktoberfest ausfallen, da Bayern in die Napoleonischen Kriege verwickelt war. Danach aber wuchs das Fest von Jahr zu Jahr und wurde unaufhaltsam größer und größer. Verschiedene Attraktionen kamen hinzu und dienten der Unterhaltung der Festbesucher. Am Ende des 19. Jahrhunderts begann die Entwicklung des Oktoberfest zu dem Volksfest, welches man heute kennt. Unter anderem wurde eine zeitliche Verlängerung eingeführt und sein Beginn wurde auf Mitte September vorverlegt, um das schöne Wetter dieser Jahreszeit für die Festtage nutzen zu können. Deshalb fällt heute nur noch das letzte Wochenende in den Oktober. Heute ist das Oktoberfest eine Attraktion für Millionen von Besuchern aus aller Welt. Ein wichtiges, aber auch schwieriges Thema ist der übertriebene Alkoholkonsum eines Teils der Besucher. Dieser führt zu vielen Konflikten, Unfällen und auch zahlreichen Störungen für den Teil der Besucher, die das Oktoberfest nicht nur aus Gründen des Massenbesäufnisses besuchen, Familien beispielsweise. Deshalb wurde das Konzept der „ruhigen Wiesn" eingeführt. Das bedeutet, dass in den Festzelten vor 18 Uhr keine laute Musik und nur traditionelle Blasmusik gespielt werden dürfen, um das Fest für Familien und ältere Besucher attraktiv zu halten.

Fragen:

1. Welches ist eines der ersten Wörter, welches man von seinem Gesprächspartner hört, wenn man auf Reisen in anderen Ländern ist und erzählt, dass man aus Deutschland ist?

2. Als was gilt das Oktoberfest in München?

3. Was feierten der Prinz Ludwig von Bayern und die Prinzessin Therese am 12. Oktober 1810?

4. Was gab es in München anlässlich dieser Hochzeit?

5. Was gab es unter anderem auch?

6. Wofür war die heutige Teresienwiese der Ort?

7. Was gibt es hinter der Teresienwiese?

8. Als was diente der kleine Berg?

9. Was wurde oben auf dem Berg hinter der Tribüne angeboten?

10. Warum musste das Oktoberfest 1813 ausfallen?

11. Wie entwickelte sich das Oktoberfest nach dem Ende der Napoleonischen Kriege?

12. Was kam zum Oktoberfest hinzu?

13. Wozu dienten die Attraktionen?

14. Welche Entwicklung begann am Ende des 19. Jahrhunderts?

15. Was wurde unter anderem eingeführt?

16. Auf welche Zeit wurde sein Beginn vorverlegt?

17. Warum wurde sein Beginn auf Mitte September vorverlegt?

18. Was war die Folge dieser Vorverlegung des Beginns?

19. Was ist das Oktoberfest heute?

20. Was ist ein wichtiges, aber auch schwieriges Thema?

21. Wozu führt dieser übertriebene Alkoholkonsum?

22. Aus welchen Gründen besucht ein Teil der Besucher das Oktoberfest nicht?

23. Was wurde deshalb für diese Besucher auf dem Oktoberfest eingeführt?

24. Was bedeutet das Konzept der „ruhigen Wiesn"?

25. Warum dürfen vor 18 Uhr in den Festzelten keine laute Musik und nur traditionelle Blasmusik gespielt werden?

Fragen & Lösungen:

1. Welches ist eines der ersten Wörter, welches man von seinem Gesprächspartner hört, wenn man auf Reisen in anderen Ländern ist und erzählt, dass man aus Deutschland ist?

Wenn man auf Reisen in anderen Ländern ist und erzählt, dass man aus Deutschland kommt, ist eines der ersten Wörter, das man von seinem Gesprächspartner hört, oft "Oktoberfest".

2. Als was gilt das Oktoberfest in München?

Das Oktoberfest in München gilt als das größte Volksfest der Welt.

3. Was feierten der Prinz Ludwig von Bayern und die Prinzessin Therese am 12. Oktober 1810?

Am 12. Oktober 1810 feierten der Prinz Ludwig von Bayern und die Prinzessin Therese Hochzeit.

4. Was gab es in München anlässlich dieser Hochzeit?

Anlässlich dieser Hochzeit gab es in München jede Menge privater und öffentlicher Feiern.

5. Was gab es unter anderem auch?

Unter anderem gab es auch ein großes Pferderennen.

6. Wofür war die heutige Teresienwiese der Ort?

Die heutige Teresienwiese war der Ort für die Austragung des Pferderennens.

7. Was gibt es hinter der Teresienwiese?

Hinter ihr gibt es einen kleinen Berg.

8. Als was diente der kleine Berg?

Er diente als Zuschauertribüne für das Rennen.

9. Was wurde oben auf dem Berg hinter der Tribüne angeboten?

Oben auf dem Berg hinter der Tribüne wurden Speisen und Getränke angeboten.

10. Warum musste das Oktoberfest 1813 ausfallen?

Im Jahr 1813 musste das Oktoberfest ausfallen, da Bayern in die Napoleonischen Kriege verwickelt war.

11. Wie entwickelte sich das Oktoberfest nach dem Ende der Napoleonischen Kriege?

Danach aber wuchs das Fest von Jahr zu Jahr und wurde unaufhaltsam größer und größer.

12. Was kam zum Oktoberfest hinzu?

Verschiedene Attraktionen kamen hinzu.

13. Wozu dienten die Attraktionen?

Sie dienten der Unterhaltung der Festbesucher.

14. Welche Entwicklung begann am Ende des 19. Jahrhunderts?

Am Ende des 19. Jahrhunderts begann die Entwicklung des Oktoberfest zu dem Volksfest, welches man heute kennt.

15. Was wurde unter anderem eingeführt?

Unter anderem wurde eine zeitliche Verlängerung eingefuhrt.

16. Auf welche Zeit wurde sein Beginn vorverlegt?

Sein Beginn wurde auf Mitte September vorverlegt.

17. Warum wurde sein Beginn auf Mitte September vorverlegt?

Um das schöne Wetter dieser Jahreszeit für die Festtage nutzen zu können.

18. Was war die Folge dieser Vorverlegung des Beginns?

Deshalb fällt heute nur noch das letzte Wochenende in den Oktober.

19. Was ist das Oktoberfest heute?

Heute ist das Oktoberfest eine Attraktion für Millionen von Besuchern aus aller Welt.

20. Was ist ein wichtiges, aber auch schwieriges Thema?

Ein wichtiges, aber auch schwieriges Thema ist der übertriebene Alkoholkonsum eines Teils der Besucher.

21. Wozu führt dieser übertriebene Alkoholkonsum?

Dieser führt zu vielen Konflikten, Unfällen und auch zahlreichen Störungen für die Besucher.

22. Aus welchen Gründen besucht ein Teil der Besucher das Oktoberfest nicht?

Ein Teil der Besucher besucht das Oktoberfest nicht nur aus Gründen des Massenbesäufnisses.

23. Was wurde deshalb für diese Besucher auf dem Oktoberfest eingeführt?

Deshalb wurde das Konzept der „ruhigen Wiesn" eingeführt.

24. Was bedeutet das Konzept der „ruhigen Wiesn"?

Das bedeutet, dass in den Festzelten vor 18 Uhr keine laute Musik und nur traditionelle Blasmusik gespielt werden dürfen.

25. Warum dürfen vor 18 Uhr in den Festzelten keine laute Musik und nur traditionelle Blasmusik gespielt werden?

Um das Fest für Familien und ältere Besucher attraktiv zu halten.

15. Augsburger Puppenkiste

Die Augsburger Puppenkiste ist ein sehr berühmtes Marionettentheater in der Stadt Augsburg, welche im Süden Deutschlands liegt. Das Ehepaar Oehmichen gründete 1943 ein eigenes kleines Marionettentheater. Es war eine kleine Bühne, welche in einem Türrahmen aufgebaut werden konnte. Dieses mobile Puppentheater wurde aber leider 1944 bei einem Bombenangriff durch die Alliierten zerstört. Durch einen glücklichen Zufall hatte Herr Oehmichen aber an diesem Abend seine Marionetten mit nach Hause genommen und die Puppen entkamen somit der Zerstörung durch die Flammen. Als der zweite Weltkrieg endlich zu Ende war, begann das Ehepaar Oehmichen mit der Planung eines neuen Puppentheaters. Nach einigem Suchen fanden sie schließlich einen geeigneten Aufführungsort im Zentrum der Stadt. Vier Jahre nach der Zerstörung des ersten Marionettentheaters öffnete schließlich die Augsburger Puppenkiste ihre Türen für Jung und Alt. Das erste aufgeführte Stück war „Der gestiefelte Kater". Als Sprecher und Puppenspieler für die verschiedenen Figuren des Theaterstücks wurden junge Schauspieler aus der Stadt verpflichtet, die den Marionetten mit ihren Stimmen und ihrer Geschicklichkeit Leben einhauchten. Alle Figuren des Theaters sind mit der Hand geschnitzt. Obwohl man bei einem Marionettentheater eher Unterhaltung für Kinder erwarten würde, gab und gibt es auch immer Bearbeitungen von Stoffen für Erwachsene. Zum Beispiel inszenierte das Theater berühmte Werke von Bertold Brecht und Friedrich Dürrematt und wagte sich sogar an die Inszenierung von Opern, hauptsächlich Werke von Mozart. Aber nicht nur im Theatersaal, sondern auch im deutschen Fernsehen feierte das Marionettentheater große Erfolge und wurde weit über die Stadtgrenzen Augsburgs hinaus bekannt. Ein anderes interessantes Detail ist die Kooperation des Theaters mit dem örtlichen Fussballverein, der in der ersten Liga spielt. Vor jedem Spiel tippt eine Figur des Theaters, das Kasperle, das Ergebnis und außerdem übergibt der Kapitän der Mannschaft eine Marionette an die gegnerische Mannschaft als Geschenk.

82

Fragen:

1. Was ist die Augsburger Puppenkiste?

2. In welcher Stadt ist die Augsburger Puppenkiste?

3. Was gründete das Ehepaar Oehmichen 1943?

4. Was war das kleine Marionettentheater?

5. Aber was passierte mit diesem mobilen Puppentheater leider 1944?

6. Wobei wurde das mobile Puppentheater zerstört?

7. Was hatte Herr Oehmichen aber durch einen glücklichen Zufall an diesem Abend mit seinen Marionetten gemacht?

8. Um was entkamen die Puppen somit glücklicherweise?

9. Womit begann das Ehepaar Oehmichen, als der zweite Weltkrieg endlich zu Ende war?

10. Was fanden sie schließlich nach einigem Suchen?

11. Wie viele Jahre nach der Zerstörung des ersten Marionettentheaters öffnete schließlich die Augsburger Puppenkiste ihre Türen für Jung und Alt?

12. Welches war das erste aufgeführte Stück?

13.Wer wurde als Sprecher und Puppenspieler verpflichtet?

14. Was hauchten die Schauspieler den Marionetten ein?

15. Sind die Figuren des Theaters im Geschäft gekauft?

16. Welchen Typ Unterhaltung würde man bei einem Marionettentheater eher erwarten?

17. Aber gab es auch Bearbeitungen von Stoffen für Erwachsene?

18. Wessen Werke inszenierte das Theater zum Beispiel?

19. An was wagte sich das Theater sogar auch heran?

20. Das Marionettentheater feierte aber nicht nur große Erfolge im Theatersaal, sondern wo auch?

21. Was wurde das Theater durch die Erfolge im deutschen Fernsehen?

22. Welches ist ein anderes interessantes Detail des Marionettentheaters?

23. Wie sieht die Kooperation aus?

24. Was übergibt der Kapitän der Mannschaft außerdem als Geschenk an die gegnerische Mannschaft?

Fragen & Antworten:

1. Was ist die Augsburger Puppenkiste?

Die Augsburger Puppenkiste ist ein sehr berühmtes Marionettentheater.

2. In welcher Stadt ist die Augsburger Puppenkiste?

Die Augsburger Puppenkiste ist in der Stadt Augsburg, welche im Süden Deutschlands liegt.

3. Was gründete das Ehepaar Oehmichen 1943?

Das Ehepaar Oehmichen gründete 1943 ein eigenes kleines Marionettentheater.

4. Was war das kleine Marionettentheater?

Es war eine kleine Bühne, welche in einem Türrahmen aufgebaut werden konnte.

5. Aber was passierte mit diesem mobilen Puppentheater leider 1944?

Dieses mobile Puppentheater wurde aber leider 1944 bei einem Bombenangriff durch die Alliierten zerstört.

6. Wobei wurde das mobile Puppentheater zerstört?

Bei einem Bombenangriff wurde es durch die Alliierten zerstört.

7. Was hatte Herr Oehmichen aber durch einen glücklichen Zufall an diesem Abend mit seinen Marionetten gemacht?

Durch einen glücklichen Zufall hatte Herr Oehmichen aber an diesem Abend seine Marionetten mit nach Hause genommen.

8. Um was entkamen die Puppen somit glücklicherweise?

Die Puppen entkamen somit der Zerstörung durch die Flammen.

9. Womit begann das Ehepaar Oehmichen, als der zweite Weltkrieg endlich zu Ende war?

Als der zweite Weltkrieg endlich zu Ende war, begann das Ehepaar Oehmichen mit der Planung eines neuen Puppentheaters.

10. Was fanden sie schließlich nach einigem Suchen?

Nach einigem Suchen fanden sie schließlich einen geeigneten Aufführungsort im Zentrum der Stadt.

11. Wie viele Jahre nach der Zerstörung des ersten Marionettentheaters öffnete schließlich die Augsburger Puppenkiste ihre Türen für Jung und Alt?

Vier Jahre nach der Zerstörung des ersten Marionettentheaters öffnete schließlich die Augsburger Puppenkiste ihre Türen für Jung und Alt.

12. Welches war das erste aufgeführte Stück?

Das erste aufgeführte Stück war „Der gestiefelte Kater".

13. Wer wurde als Sprecher und Puppenspieler verpflichtet?

Als Sprecher und Puppenspieler für die verschiedenen Figuren des Theaterstücks wurden junge Schauspieler aus der Stadt verpflichtet.

14. Was hauchten die Schauspieler den Marionetten ein?

Sie hauchten den Marionetten mit ihren Stimmen und ihrer Geschicklichkeit Leben ein.

15. Sind die Figuren des Theaters im Geschäft gekauft?

Alle Figuren des Theaters sind mit der Hand geschnitzt.

16. Welchen Typ Unterhaltung würde man bei einem Marionettentheater eher erwarten?

Man würde bei einem Marionettentheater eher Unterhaltung für Kinder erwarten.

17. Aber gab es auch Bearbeitungen von Stoffen für Erwachsene?

Es gab und gibt auch immer Bearbeitungen von Stoffen für Erwachsene.

18. Wessen Werke inszenierte das Theater zum Beispiel?

Zum Beispiel inszenierte das Theater berühmte Werke von Bertold Brecht und Friedrich Dürrematt.

19. An was wagte sich das Theater sogar auch heran?

Es wagte sich sogar an die Inszenierung von Opern, hauptsächlich Werke von Mozart.

20. Das Marionettentheater feierte aber nicht nur große Erfolge im Theatersaal, sondern wo auch?

Aber nicht nur im Theatersaal, sondern auch im deutschen Fernsehen feierte das Marionettentheater große Erfolge.

21. Was wurde das Theater durch die Erfolge im deutschen Fernsehen?

Es wurde weit über die Stadtgrenzen Augsburgs hinaus bekannt.

22. Welches ist ein anderes interessantes Detail des Marionettentheaters?

Ein anderes interessantes Detail ist die Kooperation des Theater mit dem örtlichen Fussballverein, der in der ersten Liga spielt.

23. Wie sieht die Kooperation aus?

Vor jedem Spiel tippt eine Figur des Theaters, das Kasperle, das Ergebnis.

24. Was übergibt der Kapitän der Mannschaft außerdem als Geschenk an die gegnerische Mannschaft?

Außerdem übergibt der Kapitän der Mannschaft eine Marionette an die gegnerische Mannschaft als Geschenk.

16. Der kalte Krieg

Als kalter Krieg wird der Konflikt zwischen den Westmächten unter der Führung der USA und dem sogenannten Ostblock unter der Führung der Sowjetunion bezeichnet. Dieser Konflikt wurde zwischen 1947 und 1989 ausgetragen. Zum Glück kam es nie zu einem offen ausgetragenen Konflikt zwischen den zwei Supermächten USA und Sowjetunion, was möglicherweise im schlimmsten Fall den Untergang der Menschheit bedeutet hätte. Allerdings gab es verschiedene Stellvertreterkriege, in denen die zwei Supermächte indirekt gegeneinander Krieg führten, zum Beispiel der Korea- und der Afghanistankrieg.

Der kalte Krieg war nicht nur ein militärischer Konflikt, sondern auch ein Konflikt der Systeme, des Kapitalismus und des Kommunismus. Über Jahrzehnte hinweg wurde auf beiden Seiten versucht, mit allen politischen, wirtschaftlichen, technischen und militärischen Mitteln den Einfluss der gegnerischen Seite einzugrenzen und zurückzudrängen. In drei verschiedenen Situationen entwickelte sich der Konflikt fast zu einem heißen Krieg, was eine direkte Auseinandersetzung zwischen den zwei Supermächten bedeutet hätte, die Berlin-Blockade 1948/1949, die Kuba-Krise 1962 und der Streit um die Stationierung von Raketen auf deutschem Territorium seitens der Amerikaner von 1979 bis 1983. Diese Zeit war auch stark von Spionageaktivitäten beider Seiten geprägt, weil beide Seiten mit aller Macht versuchten, Kontrolle und Einfluss auf der anderen Seite zu gewinnen. Der ideologische Konkurrenzkampf der beiden Systeme zeigte sich in vielen Bereichen in der damaligen Zeit. Die Medien waren voll mit ideologischer Propaganda, welche die eigene Bevölkerung davon überzeugen sollte, wie gut das eigene System und wie schlecht das gegnerische System war. Ein fast grenzenloses Wettrüsten sollte das eigene Abwehr- und Angriffspotential sicherstellen und es wurden riesige Summen von Geld in das Militär investiert. Ein anderes wichtiges Beispiel im Konkurrenzkampf der beiden Machtblöcke waren deren Raumfahrtprogramme, bei welchen sich die beiden Supermächte ein gnadenloses Wettrennen in der Weltraumforschung lieferten. Der kalte Krieg endete mit dem Zusammenbruch der Sowjetunion 1991.

Fragen & Antworten:

1. Welcher Konflikt wird als kalter Krieg bezeichnet?

2. Unter welcher Führung waren die Westmächte und unter welcher Führung war der sogenannte Ostblock?

3. In welchem Zeitraum wurde dieser Konflikt ausgetragen?

4. Wozu kam es zum Glück nie?

5. Was hätte ein offen ausgetragener Konflikt zwischen den zwei Supermächten im schlimmsten Fall bedeutet?

6. Was gab es allerdings?

7. Was machten die zwei Supermächte indirekt in diesen Stellvertreterkriegen?

8. War der kalte Krieg nur ein militärischer Konflikt?

9. Was wurde über Jahrzehnte hinweg versucht?

10. Mit welchen Mitteln wurde versucht, den Einfluss der gegnerischen Seite einzugrenzen und zurückzudrängen?

11. In wie viel Situationen entwickelte sich der Konflikt fast zu einem heißen Krieg?

12. Was hätte die Entwicklung des Konflikts zum heißen Krieg bedeutet?

13. Welche drei Situationen hätten fast einen heißen Krieg provoziert?

14. Wovon war diese Zeit auch stark geprägt?

15. Warum war diese Zeit auch stark von den Spionageaktivitäten beider Seiten geprägt?

16. Wo zeigte sich der ideologische Konkurrenzkampf der beiden Systeme?

17. Womit waren die Medien voll?

18. Wovon sollte die ideologische Propaganda die eigene Bevölkerung überzeugen?

19. Was sollte das eigene Abwehr- und Angriffspotential sicherstellen?

20. Was sollte ein fast grenzenloses Wettrüsten sicherstellen?

21. Wurde viel Geld in das Militär investiert?

22. Welches ist ein anderes wichtiges Beispiel im Konkurrenzkampf der beiden Machtblöcke?

23. Was lieferten sich die beiden Supermächte im Zuge ihrer Weltraumforschung?

24. Wann und womit endete der kalte Krieg?

Fragen & Antworten:

1. Welcher Konflikt wird als kalter Krieg bezeichnet?

Als kalter Krieg wird der Konflikt zwischen den Westmächten unter der Führung der USA und dem sogenannten Ostblock unter Führung der Sowjetunion bezeichnet.

2. Unter welcher Führung waren die Westmächte und unter welcher Führung war der sogenannte Ostblock?

Die Westmächte waren unter der Führung der USA und der sogenannte Ostblock war unter der Führung der Sowjetunion.

3. In welchem Zeitraum wurde dieser Konflikt ausgetragen?

Dieser Konflikt wurde zwischen 1947 und 1989 ausgetragen.

4. Wozu kam es zum Glück nie?

Zum Glück kam es nie zu einem offen ausgetragenen Konflikt zwischen den zwei Supermächten USA und Sowjetunion.

5. Was hätte ein offen ausgetragener Konflikt zwischen den zwei Supermächten im schlimmsten Fall bedeutet?

Im schlimmsten Fall hätte es den Untergang der Menschheit bedeutet.

6. Was gab es allerdings?

Allerdings gab es verschiedene Stellvertreterkriege.

7. Was machten die zwei Supermächte indirekt in diesen Stellvertreterkriegen?

In diesen Stellvertreterkriegen führten die zwei Supermächte indirekt gegeneinander Krieg.

8. War der kalte Krieg nur ein militärischer Konflikt?

Nein, der kalte Krieg war nicht nur ein militärischer Konflikt, sondern auch ein Konflikt der Systeme, des Kapitalismus und des Kommunismus.

9. Was wurde über Jahrzehnte hinweg versucht?

Über Jahrzehnte hinweg wurde auf beiden Seiten versucht, den Einfluss der gegnerischen Seite einzugrenzen und zurückzudrängen.

10. Mit welchen Mitteln wurde versucht, den Einfluss der gegnerischen Seite einzugrenzen und zurückzudrängen?

Mit allen politischen, wirtschaftlichen, technischen und militärischen Mitteln wurde versucht, den Einfluss der gegnerischen Seite einzugrenzen und zurückzudrängen.

11. In wie viel Situationen entwickelte sich der Konflikt fast zu einem heißen Krieg?

In drei verschiedenen Situationen entwickelte sich der Konflikt fast zu einem heißen Krieg.

12. Was hätte die Entwicklung des Konflikts zum heißen Krieg bedeutet?

Es hätte eine direkte Auseinandersetzung zwischen den zwei Supermächten bedeutet.

13. Welche drei Situationen hätten fast einen heißen Krieg provoziert?

Die Berlin-Blockade 1948/1949, die Kuba-Krise 1962 und der Streit um die Stationierung von Raketen auf deutschem Territorium seitens der Amerikaner von 1979 bis 1983.

14. Wovon war diese Zeit auch stark geprägt?

Diese Zeit war auch stark von Spionageaktivitäten beider Seiten geprägt.

15. Warum war diese Zeit auch stark von den Spionageaktivitäten beider Seiten geprägt?

Weil beide Seiten mit aller Macht versuchten, Kontrolle und Einfluss auf der anderen Seite zu gewinnen.

16. Wo zeigte sich der ideologische Konkurrenzkampf der beiden Systeme?

Der ideologische Konkurrenzkampf der beiden Systeme zeigte sich in vielen Bereichen in der damaligen Zeit.

17. Womit waren die Medien voll?

Die Medien waren voll mit ideologischer Propaganda.

18. Wovon sollte die ideologische Propaganda die eigene Bevölkerung überzeugen?

Die ideologische Propaganda sollte die eigene Bevölkerung davon überzeugen, wie gut das eigene System und wie schlecht das gegnerische System war.

19. Was sollte das eigene Abwehr- und Angriffspotential sicherstellen?

Ein fast grenzenloses Wettrüsten sollte das eigene Abwehr- und Angriffspotential sicherstellen.

20. Was sollte ein fast grenzenloses Wettrüsten sicherstellen?

Es sollte das eigene Abwehr- und Angriffspotential sicherstellen.

21. Wurde viel Geld in das Militär investiert?

Es wurden riesige Summen von Geld in das Militär investiert.

22. Welches ist ein anderes wichtiges Beispiel im Konkurrenzkampf der beiden Machtblöcke?

Ein anderes wichtiges Beispiel im Konkurrenzkampf der beiden Machtblöcke waren deren Raumfahrtprogramme.

23. Was lieferten sich die beiden Supermächte im Zuge ihrer Weltraumforschung?

Die beiden Supermächte lieferten sich ein gnadenloses Wettrennen in der Weltraumforschung.

24. Wann und womit endete der kalte Krieg?

Der kalte Krieg endete mit dem Zusammenbruch der Sowjetunion 1991.

17. Globale Überwachungs- und Spionageaffäre

Der amerikanische Whistleblower Edward Snowden ließ im Juni 2013 eine Bombe platzen. Er enthüllte mit Hilfe von streng geheimen Dokumenten, dass die Vereinigten Staaten und das Vereinigte Königreich seit spätestens 2007 in riesigem Ausmaß die Telekommunikation und besonders das Internet global und unabhängig von jeglichem Verdacht überwachen. Führende Politiker und Geheimdienstchefs rechtfertigen diese Maßnahmen mit der Ausrede, dass auf diese Weise die Bevölkerung vor terroristischen Anschlägen geschützt werden. Alle gewonnenen Daten werden auf Vorrat gespeichert. Selbst vor Gebäuden und Vertretungen der Europäischen Union und den Vereinten Nationen machten die Geheimdienste der USA und Großbritanniens offenkundig nicht halt. Sie sollen mit Hilfe von Wanzen ausspioniert worden sein. Weiterhin wurden auch zahlreiche führende Politiker überwacht. Die überwachten Politiker kamen dabei nicht nur aus feindlichen Staaten, sondern sogar aus verbündeten Staaten. Zusätzlich wurden selbst ihre E-Mail-Konten gehackt. Während die Affäre ihren Lauf nahm, berichteten Medien ebenfalls über Spionageaktivitäten anderer Staaten. Der Skandal um die Überwachungs- und Spionagemaßnahmen führte zu großen diplomatischen Spannungen. Zum Beispiel bestellte die Bundesrepublik Deutschland zum ersten Mal seit ihres Bestehens den amerikanischen Botschafter ein. Bürgerrechtsorganisationen zahlreicher Länder protestierten gegen die massenhafte und verdachtsunabhängige Überwachung der Bürger und warnten außerdem vor der möglichen Gefahr eines Überwachungsstaats. Der deutsche Bundestag beschloss einstimmig, einen Untersuchungsausschuss einzusetzen, welcher den Umfang und die Hintergründe der Spionage und Überwachung durch ausländische Geheimdienste aufklären soll.

Fragen:

1. Was ließ der amerikanische Whistleblower Edward Snowden im Juni 2013 platzen?

2. Was enthüllte der Whistleblower?

3. Mit welcher Hilfe enthüllte der Whistleblower diesen Skandal?

4. Was überwachen die Vereinigten Staaten und das Vereinigte Königreich global und unabhängig von jeglichem Verdacht?

5. Wie groß ist das Ausmaß der Überwachung und Spionage?

6. Haben die Vereinigten Staaten und das Vereinigte Königreich einen Verdacht für die Überwachung?

7. Mit welcher Ausrede rechtfertigen führende Politiker und Geheimdienstchefs diese Maßnahmen?

8. Wovor soll die Bevölkerung auf diese Weise geschützt werden?

9. Was passiert mit allen gewonnenen Daten?

10. Wovor machten die Geheimdienste der USA und Großbritanniens offenkundig auch nicht halt?

11. Auf welche Weise sollen Gebäude und Vertretungen der Europäischen Union und der Vereinten Nationen ausspioniert worden sein?

12. Wer wurde weiterhin auch überwacht?

13. Kamen die überwachten Politiker dabei nur aus feindlichen Staaten?

14. Was wurde zusätzlich auch gehackt?

15. Worüber berichteten Medien ebenfalls, während die Affäre ihren Lauf nahm?

16. Wozu führte der Skandal um die Überwachungs- und Spionagemaßnahmen?

17. Wie reagierte zum Beispiel die Bundesrepublik Deutschland?

18. War es schon einmal vorher vorgekommen, dass die Bundesrepublik Deutschland den amerikanischen Botschafter einbestellt hat?

19. Wogegen protestierten Bürgerrechtsorganisationen zahlreicher Länder?

20. Wovor warnten die Bürgerrechtsorganisationen?

21. Was beschloss der deutsche Bundestag einstimmig?

22. Was soll der Untersuchungsausschuss aufklären?

Fragen & Lösungen:

1. Was ließ der amerikanische Whistleblower Edward Snowden im Juni 2013 platzen?

Der amerikanische Whistleblower Edward Snowden ließ im Juni 2013 eine Bombe platzen.

2. Was enthüllte der Whistleblower?

Er enthüllte, dass die Vereinigten Staaten und das Vereinigte Königreich seit spätestens 2007 in riesigem Ausmaß die Telekommunikation und besonders das Internet global und unabhängig von jeglichem Verdacht überwachen.

3. Mit welcher Hilfe enthüllte der Whistleblower diesen Skandal?

Er enthüllte diesen Skandal mit Hilfe von streng geheimen Dokumenten.

4. Was überwachen die Vereinigten Staaten und das Vereinigte Königreich global und unabhängig von jeglichem Verdacht?

Die Vereinigten Staaten und das Vereinigte Königreich überwachen seit spätestens 2007 in riesigem Ausmaß die Telekommunikation und besonders das Internet global und unabhängig von jeglichem Verdacht.

5. Wie groß ist das Ausmaß der Überwachung und Spionage?

Die Überwachung und Spionage passieren in einem riesigen Ausmaß.

6. Haben die Vereinigten Staaten und das Vereinigte Königreich einen Verdacht für die Überwachung?

Nein, die Überwachung geschieht unabhängig von jeglichem Verdacht.

7. Mit welcher Ausrede rechtfertigen führende Politiker und Geheimdienstchefs diese Maßnahmen?

Führende Politiker und Geheimdienstchefs rechtfertigen diese Maßnahmen mit der Ausrede, dass auf diese Weise die Bevölkerung vor terroristischen Anschlägen geschützt werden.

8. Wovor soll die Bevölkerung auf diese Weise geschützt werden?

Die Bevölkerung soll auf diese Weise vor terroristischen Anschlägen geschützt werden.

9. Was passiert mit allen gewonnenen Daten?

Alle gewonnen Daten werden auf Vorrat gespeichert.

10. Wovor machten die Geheimdienste der USA und Großbritanniens offenkundig auch nicht halt?

Selbst vor Gebäuden und Vertretungen der Europäischen Union und den Vereinten Nationen machten die Geheimdienste der USA und Großbritanniens offenkundig nicht halt.

11. Auf welche Weise sollen Gebäude und Vertretungen der Europäischen Union und der Vereinten Nationen ausspioniert worden sein?

Sie sollen mit Hilfe von Wanzen ausspioniert worden sein.

12. Wer wurde weiterhin auch überwacht?

Weiterhin wurden auch zahlreiche führende Politiker überwacht.

13. Kamen die überwachten Politiker dabei nur aus feindlichen Staaten?

Die überwachten Politiker kamen dabei nicht nur aus feindlichen Staaten, sondern sogar aus verbündeten Staaten.

14. Was wurde zusätzlich auch gehackt?

Zusätzlich wurden selbst ihre E-Mail-Konten gehackt.

15. Worüber berichteten Medien ebenfalls, während die Affäre ihren Lauf nahm?

Während die Affäre ihren Lauf nahm, berichteten Medien ebenfalls über Spionageaktivitäten anderer Staaten.

16. Wozu führte der Skandal um die Überwachungs- und Spionagemaßnahmen?

Der Skandal um die Überwachungs- und Spionagemaßnahmen führte zu großen diplomatischen Spannungen.

17. Wie reagierte zum Beispiel die Bundesrepublik Deutschland?

Zum Beispiel bestellte die Bundesrepublik Deutschland zum ersten Mal seit ihres Bestehens den amerikanischen Botschafter ein.

18. War es schon einmal vorher vorgekommen, dass die Bundesrepublik Deutschland den amerikanischen Botschafter einbestellt hat?

Nein, es war zum ersten Mal seit ihres Bestehens, dass der amerikanische Botschafter einbestellt wurde.

19. Wogegen protestierten Bürgerrechtsorganisationen zahlreicher Länder?

Bürgerrechtsorganisationen zahlreicher Länder protestierten gegen die massenhafte und verdachtsunabhängige Überwachung der Bürger.

20. Wovor warnten die Bürgerrechtsorganisationen?

Sie warnten außerdem vor der möglichen Gefahr eines Überwachungsstaats.

21. Was beschloss der deutsche Bundestag einstimmig?

Der deutsche Bundestag beschloss einstimmig, einen Untersuchungsausschuss einzusetzen.

22. Was soll der Untersuchungsausschuss aufklären?

Der Untersuchungsausschuss soll den Umfang und die Hintergründe der Spionage und Überwachung durch ausländische Geheimdienste aufklären.

18. Positive Psychologie

Der Begriff der positiven Psychologie wurde von dem amerikanischen Psychologen Abraham Maslow 1954 eingeführt. In den 1990er Jahren begann der amerikanische Psychologe Martin Seligman den Begriff und seine theoretischen Grundlagen weiter zu entwickeln. Die positive Psychologe versucht einen neuen Weg zu gehen, indem sie sich mit den positiven Aspekten der menschlichen Existenz auseinander setzt und dadurch versucht, neue Techniken und Strategien für ein glücklicheres und erfüllteres Leben zu entwickeln. Im Gegensatz dazu fokussiert sich die traditionelle Psychologie eher auf menschliche Defizite und deren Verbesserung. Zentrale Begriffe innerhalb der positiven Psychologie sind zum Beispiel Glück, Optimismus, Geborgenheit, Dankbarkeit, Vertrauen und individuelle Stärken. Weiterhin wird ein großer Schwerpunkt auf Charakterstärken beziehungsweise Tugenden gelegt. Hierbei werden sechs Tugenden unterschieden, denen insgesamt 24 Charakterstärken zugeordnet sind. Zu den kognitiven Charakterstärken zählen beispielsweise die Charakterstärken Kreativität, Neugier, Aufgeschlossenheit, Lernfreude und Perspektive. Die kognitiven Charakterstärken formen die Kategorie der Tugend Weisheit und Wissen. Ziel ist es, die Charakterstärken für eine Person herauszufinden, um sie dann zu seinem Nutzen zu verwenden. Wenn eine Person beispielsweise sehr kreativ und neugierig ist, kann diese Einsicht auf zwei verschiedene Weisen verwendet werden. Auf der einen Seite kann die Person versuchen, sich mehr auf diese Charakterstärken zu konzentrieren und sie zu ihrem Vorteil nutzen. Auf der anderen Seite kann die Person versuchen, die Charakterstärken zu benutzen, um Charakterschwächen auszugleichen. Die positive Psychologie findet heutzutage zunehmend Anwendung in den Bereichen der Unternehmenspraxis, der Bildung und der Erziehung.

Fragen:

1. Von wem wurde der Begriff der positiven Psychologie eingeführt?

2. Was begann der amerikanische Psychologe Martin Seligman in den 1990er Jahren weiter zu entwickeln?

3. Was versucht die positive Psychologie?

4. Wie versucht die positive Psychologe einen neuen Weg zu gehen?

5. Was versucht die positive Psychologie, dadurch zu entwickeln?

6. Worauf fokussiert sich die traditionelle Psychologie im Gegensatz dazu?

7. Welche sind zum Beispiel zentrale Begriffe innerhalb der positiven Psychologie?

8. Worauf wird weiterhin ein großer Schwerpunkt gelegt?

9. Wie viele Tugenden werden hierbei unterschieden?

10. Wie viele Charakterstärken sind den sechs Tugenden zugeordnet?

11. Welche Charakterstärken zählen beispielsweise zu den kognitiven Charakterstärken?

12. Welche Kategorie formen die kognitiven Charakterstärken?

13. Was ist das Ziel mit den Charakterstärken?

14. Warum ist es Ziel, die Charakterstärken für eine Person herauszufinden?

15. Auf wie viele Weisen kann die Einsicht, dass eine Person sehr kreativ und neugierig ist, verwendet werden?

16. Was kann die Person auf der einen Seite versuchen?

17. Was kann die Person auf der anderen Seite versuchen?

18. In welchen Bereichen findet die positive Psychologie heute zunehmend Anwendung?

Fragen & Lösungen:

1. Von wem wurde der Begriff der positiven Psychologie eingeführt?

Der Begriff der positiven Psychologie wurde von dem amerikanischen Psychologen Abraham Maslow 1954 eingeführt.

2. Was begann der amerikanische Psychologe Martin Seligman in den 1990er Jahren weiter zu entwickeln?

In den 1990er Jahren begann der amerikanische Psychologe Martin Seligman den Begriff und seine theoretischen Grundlagen weiter zu entwickeln.

3. Was versucht die positive Psychologie?

Die positive Psychologe versucht einen neuen Weg zu gehen.

4. Wie versucht die positive Psychologe einen neuen Weg zu gehen?

Sie versucht einen neuen Weg zu gehen, indem sie sich mit den positiven Aspekten der menschlichen Existenz auseinander setzt.

5. Was versucht die positive Psychologie, dadurch zu entwickeln?

Sie versucht dadurch, neue Techniken und Strategien für ein glücklicheres und erfüllteres Leben zu entwickeln.

6. Worauf fokussiert sich die traditionelle Psychologie im Gegensatz dazu?

Im Gegensatz dazu fokussiert sich die traditionelle Psychologie eher auf menschliche Defizite und deren Verbesserung.

7. Welche sind zum Beispiel zentrale Begriffe innerhalb der positiven Psychologie?

Zentrale Begriffe innerhalb der positiven Psychologie sind zum Beispiel Glück, Optimismus, Geborgenheit, Dankbarkeit, Vertrauen und individuelle Stärken.

8. Worauf wird weiterhin ein großer Schwerpunkt gelegt?

Weiterhin wird ein großer Schwerpunkt auf Charakterstärken beziehungsweise Tugenden gelegt.

9. Wie viele Tugenden werden hierbei unterschieden?

Hierbei werden sechs Tugenden unterschieden.

10. Wie viele Charakterstärken sind den sechs Tugenden zugeordnet?

Den sechs Tugenden sind insgesamt 24 Charakterstärken zugeordnet.

11. Welche Charakterstärken zählen beispielsweise zu den kognitiven Charakterstärken?

Zu den kognitiven Charakterstärken zählen beispielsweise die Charakterstärken Kreativität, Neugier, Aufgeschlossenheit, Lernfreude und Perspektive.

12. Welche Kategorie formen die kognitiven Charakterstärken?

Die kognitiven Charakterstärken formen die Kategorie der Tugend Weisheit und Wissen.

13. Was ist das Ziel mit den Charakterstärken?

Ziel ist es, die Charakterstärken für eine Person herauszufinden, um sie dann zu seinem Nutzen zu verwenden.

14. Warum ist es Ziel, die Charakterstärken für eine Person herauszufinden?

Es ist das Ziel, um sie dann zu seinem Nutzen zu verwenden.

15. Auf wie viele Weisen kann die Einsicht, dass eine Person sehr kreativ und neugierig ist, verwendet werden?

Wenn eine Person beispielsweise sehr kreativ und neugierig ist, kann diese Einsicht auf zwei verschiedene Weisen verwendet werden.

16. Was kann die Person auf der einen Seite versuchen?

Auf der einen Seite kann die Person versuchen, sich mehr auf diese Charakterstärken zu konzentrieren und sie zu seinem Vorteil nutzen.

17. Was kann die Person auf der anderen Seite versuchen?

Auf der anderen Seite kann die Person versuchen, die Charakterstärken zu benutzen, um Charakterschwächen auszugleichen.

18. In welchen Bereichen findet die positive Psychologie heute zunehmend Anwendung?

Die positive Psychologie findet heutzutage zunehmend Anwendung in den Bereichen der Unternehmenspraxis, der Bildung und der Erziehung.

Leseproben der Classic Simplified-Reihe:

Reading Practice
Tests

Series
progression

Der Schimmelreiter – Theodor Storm

Kapitel 1

Meine Absicht ist es, von einer Geschichte zu erzählen, die ich vor ungefähr einem halben Jahrhundert im Haus meiner Urgroßmutter gehört habe. Ich saß mit ihr zusammen an einem regnerischen Abend vor dem warmen Kamin und las in einer Zeitschrift. Ich kann mich nicht mehr daran erinnern, welche Zeitschrift es war. Von Zeit zu Zeit streichelte sie mich mit ihren zarten Händen auf dem Kopf und ich erinnere mich gut an die Liebe, die ich in diesem Moment für sie fühlte. Meine Großmutter und auch der Moment selbst sind schon seit langer Zeit nicht mehr unter uns. Oft habe ich in den folgenden Jahren versucht, die alte Zeitschrift wieder zu finden, aber leider endeten alle meine Versuche ohne Erfolg. Dies ist der Grund, warum ich nicht die absolute Wahrheit meiner Geschichte garantieren kann und auch würde ich mit niemanden über die Details der Geschichte diskutieren. Ich kann nur die Garantie für eine einzige Sache geben. Ich konnte die Geschichte in all den Jahren nicht aus meinem Kopf bekommen, obwohl es dafür eigentlich nicht den kleinsten Grund gibt.

Es war in den dreißiger Jahren unseres Jahrhunderts, an einem Nachmittag im Oktober – so begann der Erzähler seine Geschichte in der Zeitschrift -, als ich auf meinem Pferd bei einem starken Gewitter an der Küste entlang ritt. Links von mir hatte ich schon seit fast einer Stunde nichts anderes gesehen als leere Weiden, auf denen noch vor kurzer Zeit das Vieh den Sommer verbracht hatte. Rechts von mir war nichts außer das Meer, die Nordsee. Eigentlich sollte man von meinem Punkt aus die anderen Inseln sehen können, aber ich sah nichts außer wütender, gelbgrauer Wellen, die ohne Pause mit aller Kraft gegen das Ufer schlugen und von Zeit zu Zeit sogar bis zu mir und meinem Pferd kamen. Dahinter war es grau und dunkel, das Licht der Dämmerung, das Licht, das bleibt, wenn der Tag und die Nacht sich treffen. Ich hätte nicht sagen können, was dort am Horizont Land und was Himmel war. Der halbe Mond, der schon seit einer Weile am Himmel war, gab kaum genug Licht, um wirklich etwas erkennen zu können und auch wurde er immer wieder von den schweren, dunklen Wolken des Gewitters verdeckt. Es war eiskalt. Ich konnte kaum meine Finger bewegen und hatte Schwierigkeiten, die Zügel meines Pferdes in den Händen zu halten. In der Luft flogen Vögel, die sich vom Sturm vom Meer zurück zum Land tragen ließen. Bald war es so dunkel, dass ich nicht einmal mehr mit Sicherheit die Hufe meines Pferdes erkennen konnte. Auf meinem ganzen Weg war ich keinem einzigen Menschen begegnet. Hier draußen gab es nur mich und mein Pferd, begleitet vom Geschrei der Vögel und dem Lärm der Wellen und des Sturms. Ich gebe gern zu, dass ich mir in diesem

Moment nichts mehr gewünscht hätte, als vor einem warmen Kamin mit trockener Kleidung und einer warmen Suppe zu sitzen.

Drei Tage dauerte dieses fürchterliche Wetter nun schon und ich hatte meine Reise bis zum letzten Moment nach hinten verschoben und hatte auf dem Hof eines Verwandten darauf gewartet, dass das Wetter besser werden würde. Aber heute hatte ich keine andere Wahl mehr gehabt. Ich musste in die nächste Stadt reiten, wo wichtige Geschäfte auf mich warteten. Mein Cousin und seine Frau hatten vergeblich versucht, mich davon zu überzeugen, noch eine Weile länger auf ihrem Hof zu bleiben. Doch obwohl ich sehr gern noch bei meinem Verwandten geblieben wäre und die leckeren, frischen Äpfel von der letzten Ernte probiert hätte, war der Moment des Abschieds gekommen, da ich meine Geschäfte in der Stadt nicht mehr länger warten lassen konnte. Und obwohl ich schon eine Weile auf dem Weg war, hatte ich noch ein paar Stunden Reise vor mir. Mein Cousin hatte noch gerufen: "Warte nur, wenn du ans Meer kommst, wirst du deine Meinung schon ändern. Dein Zimmer wartet hier auf dich und du bist herzlich willkommen."

Und wirklich, als ich alleine im Regen und in der Kälte am Meer entlang ritt, hörte ich eine Stimme in meinem Kopf, die mir sagte: "Sei kein Dummkopf! Reite zurück und setze dich mit deinen Freunden vor den warmen Kamin." Aber ich musste die Stadt erreichen und außerdem hatte ich schon so viel Weg hinter mir, dass der Rückweg zum Haus meines Cousin wahrscheinlich länger gewesen wäre. Also ritt ich weiter, fest entschlossen, mich nicht von diesem fürchterlichen Wetter aufhalten zu lassen.

Plötzlich aber sah ich, wie vor mir etwas in meine Richtung schnell näher kam. Ich konnte nichts hören, zu laut waren der Sturm und die Wellen. Aber von Sekunde zu Sekunde war ich mehr davon überzeugt, eine dunkle Gestalt im schwachen, kalten Licht des Halbmonds zu erkennen. Und wirklich, nach einer kurzen Weile konnte ich besser erkennen, was es war. Ein Reiter in einem langen, schwarzen Mantel, der auf einem schlanken, weißen Pferd, einem Schimmel, saß. Er ritt mit hoher Geschwindigkeit an mir vorbei und sah mich aus zwei brennenden Augen in einem bleichen Gesicht an.

Wer war das? Was wollte er? - Und da bemerkte ich es. Ich hatte nichts gehört, weder die Schritte des Pferdes, noch seinen Atem. Aber das Pferd und der Reiter waren doch so nah an mir vorbei geritten!

Während ich darüber nachdachte, ritt ich weiter auf meinem Weg. Aber ich hatte nicht lange Zeit, um darüber nachzudenken. Plötzlich ritt der Reiter auf seinem Pferd wieder an mir vorbei und dieses Mal hatte ich den Eindruck, dass mich sein langer Mantel berührt hatte. Aber wieder hatte ich kein Geräusch gehört. Dann sah ich nur noch, wie sie sich immer weiter von mir entfernten, bis ich sie schließlich aus den Augen verlor. Es schien, als ob der Reiter mit seinem Pferd in das Meer verschwunden war.

Etwas verblüfft ritt ich weiter. Als ich zu der Stelle kam, wo ich glaubte, den Reiter aus den Augen verloren zu haben, sah ich einen kleinen See, den das Meer auf dem Land hinterlassen hatte. Das Wasser war seltsam unruhig. Aber ich konnte den Reiter nirgendwo sehen. Aber ich sah etwas anderes, das mir sehr große Freude machte. Vor mir in einiger Entfernung sah ich einige Lichter, die sehr wahrscheinlich aus Häusern ganz in der Nähe kamen. Ich ritt auf die Lichter zu und kam zu einem großen Haus. In einem Zimmer neben der Haustür sah ich, dass Licht brannte und wie Menschen sich im Inneren des Zimmers bewegten. Mein Pferd schien die gleiche Idee wie ich zu haben und war schon auf halbem Weg zur Tür als ich den Gedanken hatte. Als wir nur noch wenige Meter vom Haus entfernt waren, erkannte ich, dass es ein Wirtshaus war. Vor der Tür gab es einen Platz für die Pferde und dort band ich das meine an. Ich war gerade fertig, da kam mir schon jemand aus dem Gasthaus entgegen und ich bat ihn, sich um mein Pferd zu kümmern. "Ist hier eine Versammlung?", fragte ich ihn, da ich nun sehr deutlich den Lärm von vielen Menschen und Gläsern im Inneren des Gasthauses hören konnte.

Als ich eintrat, sah ich ungefähr ein Dutzend Männer an einem Tisch sitzen. Am Ende des Tisches saß ein besonders gut gekleideter Mann, der mir der Chef der Männer zu sein schien.

Ich grüßte höflich und fragte die Männer, ob ich mich zu ihnen setzen dürfte. Keiner der Männer hatte etwas dagegen und ich wurde freundlich in ihre Runde aufgenommen. "Sie haben hier die Verantwortung, so scheint mir.", sagte ich zu dem gut gekleideten Mann. "Das Wetter ist fürchterlich dort draußen. Hoffentlich gibt es keine Schwierigkeiten die Häuser vor dem Meer zu schützen."

"Sicherlich, das Wetter in diesen Tagen ist schrecklich. Aber wir hier, auf der Ostseite glauben, dass für uns die Gefahr vorbei ist. Nur auf der anderen Seite ist es nicht sicher. Dort bauen sie ihre Deiche noch auf die altmodische Art. Wir hier haben schon im letzten Jahrhundert begonnen, bessere und modernere Deiche zu bauen. Wir waren vor einer Stunde noch da draußen, aber es ist uns zu kalt geworden. Genauso wie Ihnen, wie es scheint. Aber wir müssen hier noch ein paar Stunden bleiben und warten, wie sich die Situation entwickelt. Wir haben ein paar Leute da draußen, die die Situation für uns beobachten und uns berichten." Und bevor ich meine Bestellung machen konnte, hatte ich schon ein Glas mit heißem Punsch vor meiner Nase.

Schnell fand ich heraus, dass mein freundlicher Nachbar der oberste Verantwortliche für die Deiche war, der Deichgraf. Wir waren ins Gespräch gekommen und ich hatte ihm von meiner seltsamen Begegnung mit dem Reiter erzählt. Meine Erzählung schien seine Aufmerksamkeit geweckt zu haben und ich bemerkte, dass auch alle anderen Männer nicht mehr sprachen, sondern mir zuhörten. "Der Schimmelreiter!", rief einer der Männer und man sah den Schrecken in den Gesichtern der Männer.

Mein Gesprächspartner war aufgestanden und sprach zu den erschrockenen Männern. "Es gibt keinen Grund zu erschrecken. Dieses Thema betrifft nicht nur uns, sondern auch die von der anderen Seite. Ich hoffe, sie sind auf alles vorbereitet."

Ich verstand nicht völlig, von was er sprach, aber ich fühlte, wie sich mein Körper mit einem Gefühl des Schreckens füllte. "Verzeiht!", sprach ich. "Was ist das mit dem Schimmelreiter?"

Ein bisschen abseits von den anderen Männern, neben dem brennenden Feuer im warmen Kamin, saß ein alter, dünner Mann mit wenigen grauen Haaren. Er trug alte, schwarze Kleidung und hatte ein ernstes Gesicht. Während die anderen Männer miteinander gesprochen hatten, hatte er kein Wort gesagt. Aber man sah in seinen Augen, dass er nicht zum Schlafen neben dem Kamin saß und aufmerksam den Gesprächen zugehört hatte.

Auf diesen Mann zeigte der Deichgraf nun mit seinem Finger. "Dieser Mann hier ist unser Dorflehrer.", sagte er mit lauter Stimme, scheinbar damit ihn alle hören konnten. „Ich denke, er wird Ihnen die Geschichte am besten erzählen können, natürlich nur auf seine Art und Weise und mit Fehlern, aber es ist das Beste, was ich Ihnen für den Moment anbieten kann."

"Wie immer fehlt es Ihnen nicht an Humor, mein Herr.", antwortete der Dorflehrer mit einer ein bisschen kränklichen Stimme, während er seinen Platz neben dem Ofen verließ und sich mir und dem Deichgraf näherte. "Ich weiß, dass Sie und ich nicht völlig die gleiche Meinung bei diesem Thema haben." Ich konnte für einen Moment ein feines, ironisches Lächeln in seinem Gesicht erkennen.

"Sie haben sicher schon bemerkt, dass unser Dorflehrer eine ein bisschen hochmütige Person ist.", sagte der Deichgraf leise zu mir. "Er hat in seiner Jugend Theologie studiert und war auf dem Weg zu großen Aufgaben und ist nur wegen einer tragischen Liebesgeschichte hier in unserem kleinen Dorf geblieben."

Der Lehrer war inzwischen von seinem Platz neben dem Feuer zu uns gekommen und hatte sich neben mich an den Tisch gesetzt. "Erzählen Sie! Erzählen Sie, geschätzter Lehrer!", riefen ein paar der jüngeren Männer am Tisch.

111

"Das werde ich sehr gern tun.", sagte der alte Mann. "Aber ich muss euch warnen. Die Geschichte, die ich zu berichten habe, ist eine eigenartige und mit viel Aberglaube verbunden. Es ist nicht immer einfach und fast schon eine wahre Kunst, diesen Aberglauben so weit wie möglich zu vermeiden."

"Ich möchte Sie bitten, diesen Aberglauben nicht zu vermeiden und die Geschichte so komplett wie möglich zu erzählen.", antwortete ich ihm. "Vertrauen Sie mir, ich kann die Spreu vom Weizen schon alleine trennen."

Kapitel 2

Der Alte sah mich mit einem verständnisvollen Lächeln an und nickte langsam mit dem Kopf. "Nun, wie Sie wünschen, mein Herr.", sagte er. "In der Mitte des letzten Jahrhunderts gab es einen Deichgraf, der sehr viel über Deiche und deren Konstruktion wusste, viel mehr als normalerweise die Bauern und Hofbesitzer hier in der Gegend über das Thema wissen. Auf der anderen Seite aber war es ein Wissen, dass er über die Jahre durch seine Erfahrung gelernt hatte, denn von den Büchern der Experten zu diesem Thema hatte er nur wenig gelesen. Mein Herr, Sie haben sicher schon gehört, dass die Leute hier in der Gegend gut rechnen können und auch mit ihren Händen nicht ganz dumm sind. Auch der Vater des Deichgrafs hatte seine Talente gehabt, wenn auch nur einige wenige. Er hatte ein paar kleine Felder, auf denen er Mais und Bohnen anbaute und auch eine Kuh hatte. Im Frühjahr und im Herbst ging er oft auf das Land hinaus und vermaß es. Im Winter schließlich, wenn es kalt und stürmisch draußen war, saß er mit seinem Sohn im warmen Zimmer und arbeitete an seinen Messungen. Sein Sohn war meistens mit einer Bibel oder einem anderen Buch beschäftigt oder beobachtete den Vater bei seiner Arbeit. Eines Abends fragte er den Alten, warum er glaubte, dass seine Messungen und Rechnungen richtig waren und es keine andere Lösungen für seine Probleme gab. Er erklärte dem Vater dann, dass er eine eigene Meinung zu den Problemen hätte. Der Vater aber hatte keine Antwort auf die Frage des Sohnes. Deshalb schüttelte er nur mit dem Kopf und sprach dann: "Diese Frage kann ich dir nicht beantworten. Es ist wie es ist und du irrst dich. Wenn du mehr über das Thema wissen willst, dann suche Morgen in der Kiste mit den Büchern nach einem Buch, welches *Euklid* geschrieben hat. Der kann dir deine Fragen beantworten!"

Der Junge suchte am nächsten Tag die Kiste mit den Büchern und hatte bald auch das Buch von *Euklid* gefunden. Das war auch nicht wirklich schwierig gewesen, da es in dem Haus zu dieser Zeit kaum Bücher gab. Der Vater lachte, als der Sohn das Buch vor ihm auf den Tisch legte. Das Buch war auf Holländisch und obwohl das Holländische dem Deutschen sehr ähnlich ist, verstanden es weder Vater noch Sohn. "Ja, ja, das Buch ist schon sehr alt. Es gehörte meinem Vater. Der verstand es. Haben wir kein Buch auf Deutsch?"

Der Junge, der nicht sehr viel sprach, sah den Vater für einen Moment ruhig in die Augen und fragte dann nur: "Darf ich das Buch behalten? Es gibt kein Buch auf Deutsch."

Der Vater gab ihm die Erlaubnis und der Junge zeigte ihm noch ein zweites, ziemlich kaputtes, kleines Buch. "Dieses auch?", fragte er wieder.

"Nimm sie alle beide!", sagte der Vater. "Sie werden dir nicht viel helfen."

Aber das zweite Buch war eine holländische Grammatik und da der Winter noch sehr lange dauern würde, hatte der Junge am Ende des Winters, als der Frühling kam, fast den kompletten *Euklid* verstanden.

"Dieser Teil der Geschichte wurde auch schon über einen anderen Mann erzählt, von dem Sie vielleicht schon gehört haben. ", unterbrach der Lehrer seine Erzählung. "In den Erzählungen über *Hans Mommsen* wird ungefähr das Gleiche berichtet. Der Junge, sein Name war *Hauke Haien*, lebte aber vor der Zeit von *Hans Mommsen* und dieser Teil der Geschichte ist deshalb schon älter. Aber Sie wissen wahrscheinlich, wie das funktioniert. Immer wenn ein größerer Mann kommt, bekommt er auch alle Geschichten seiner Vorgänger mit ins Gepäck, egal ob sie gut oder schlecht sind."

Als der Vater sah, dass der Junge sich weder für Kühe noch für Schafe interessierte und auch kein Interesse am Anbau von Gemüse hatte, was doch eigentlich die größte Freude für jeden guten Mann sein sollte, begann er über die Zukunft des Jungen nach zu denken. Sein kleiner Bauernhof war genug für einen Bauern und seinen Jungen, aber nicht für einen Bauern und seinen erwachsenen Sohn, der sich nicht für den Bauernhof interessierte. Außerdem versuchte er ehrlich zu sich selbst zu sein und sah, dass er selbst auch nicht wirklich erfolgreich in seinem Leben gewesen war. Deshalb entschied er, seinen Jungen zu den Deichen zu schicken, wo er mit anderen Arbeitern von Frühling bis Herbst Erde transportieren musste. "Das wird ihn von *Euklid* heilen.", sagte er sich selbst.

Und der Junge arbeitete hart. Aber zu jeder Zeit hatte er seinen *Euklid* in der Tasche und wenn die Arbeiter frühstückten oder zu Abend aßen, saß er alleine auf seinem Platz und las in dem Buch. Und wenn dann im Herbst das Wasser kam und die Fluten soviel Wasser brachten, dass manchmal sogar nicht mehr gearbeitet werden konnte, dann ging er nicht mit den anderen nach Hause, sondern blieb an einer trockenen Stelle auf dem Deich sitzen und beobachtete stundenlang das Meer, wie es immer höher stieg und gegen den Deich schlug. Und erst als die Wellen schon seine Füße nass machten, stand er auf und setzte sich ein paar Meter höher. In diesen Momenten gab es für ihn nichts anderes mehr als das wilde Meer und wie es immer wieder ohne Pause gegen das Land rollte. Er hörte weder die Vögel, die über ihm flogen und ihn aus ihren schwarzen Augen beobachteten, noch bemerkte er, wie es immer dunkler wurde und der Tag der Nacht Platz machte. Er beobachtete wie die Wellen langsam und geduldig die Erde, mit der der Deich gebaut war, mit sich zurück ins Meer nahmen.

Wenn er dieses Spiel lange genug beobachtet hatte, nickte er mit dem Kopf und zeichnete mit der Hand eine Linie in die Luft, als ob er den Wellen folgen würde, die ins Meer zurück kehrten. Wenn es schließlich so dunkel war, dass er nichts mehr sehen konnte, stand er auf und ging nass und kalt nach Hause.

Als er so eines Tages nach Hauses kam und seinen Vater im Wohnzimmer traf, der gerade an seinen Messinstrumenten putzte, wurde dieser sehr wütend:

„Welchen Unsinn machst du da draußen? Du hättest ertrinken können, das Meer ist so stark, es nimmt den ganzen Deich mit sich zurück ins Meer.“

Hauke sah ihn trotzig an.

„Hörst du mich nicht, Junge? Ich sagte, du hättest ertrinken können.“

„Ja“, sagte Hauke, „Aber ich bin nicht ertrunken!“

„Nein“, antwortete der Alte und sah ihm nachdenklich ins Gesicht. „Dieses Mal nicht.“

„Aber“, sprach Hauke wieder. „Unsere Deiche sind nichts wert!“

„Von was sprichst du, Junge?“

„Von den Deichen spreche ich!“

„Was ist mit den Deichen?“

„Sie sind schlecht gebaut, Vater!“, antwortete der Junge.

Der Vater lachte ihm laut ins Gesicht. „Was verstehst du schon von Deichen, Junge?“

Aber der Junge war sich seiner Sache sicher. „Die Deiche sind auf der Seite, wo das Meer ist, zu steil. Wenn das Meer eines Tages wieder so stark ist, wie es schon einmal war, dann können wir auch hier hinter dem Deich ertrinken.“

Der Vater holte seinen Tabak, machte sich eine Pfeife und zündete sie an. „Wie viel Erde hast du heute transportiert, Junge?“, fragte er ärgerlich. Er sah, dass auch die schwere Arbeit am Deich den Jungen nicht auf andere Gedanken brachte.

„Ich weiß nicht, Vater. Ich habe nicht aufgepasst. Soviel wie die anderen Männer auch, ein bisschen mehr vielleicht. Aber die Deiche müssen anders gebaut werden!“

„Nun", meinte der Vater und lachte wieder laut. „Vielleicht kannst du deine Ideen dem Deichgraf vorschlagen. Dann werden sie es sicher anders machen!"

„Ja, Vater!", antwortete der Junge.

Der Alte sah seinen Sohn an und zog ein paar Mal an seiner Pfeife. Dann ging er aus dem Wohnzimmer hinaus. Er wusste nicht, was er dem Jungen antworten sollte.

Auch als Ende Oktober die Arbeiten am Deich beendet waren, verbrachte *Hauke Haien* weiter seine Zeit damit, das Meer zu beobachten. Wie andere Kinder auf Weihnachten warteten, wartete der Junge auf die schweren Stürme, die normalerweise Anfang November auf die Küste treffen. Gab es einen starken Sturm und hohe Wellen, konnte man sicher sein, dass man *Hauke* ganz allein auf einem Deich sitzen sehen konnte. Wenn dann die kraftvollen Wellen immer und immer wieder ganze Teile des Deichs mit sich zurück ins Meer nahmen, konnte man sein wütendes Lachen hören. „Das ist alles, was ihr könnt.", schrie er zu den Wellen. „So wie die Menschen auch nicht mehr können!" Und endlich, oft schon in der Dunkelheit, lief er zurück nach Hause.

Manchmal brachte er sich ein bisschen Erde vom Deich mit. Dann setzte er sich neben seinen Vater und baute im Licht der Kerzen Modelle von Deichen und legte sie in einen Behälter mit Wasser, in dem er versuchte, das Verhalten der Wellen zu simulieren. Der Vater ließ ihn machen und sagte nichts mehr. An anderen Tagen nahm er eine kleine Tafel und zeichnete darauf mit Kreide wie die Deiche nach seiner Meinung aussehen müssten.

Er hatte keine Lust, mit den anderen Kindern aus seiner Schule Zeit zu verbringen und die Kinder schienen auch kein Interesse an ihm und seinen Ideen zu haben. Im Winter machte er lange Spaziergänge auf dem Deich, so lange, bis er nicht mehr weiter gehen konnte.

Im Februar wurden die Körper von toten Personen gefunden. Man hatte sie draußen im Eis gefunden. Eine junge Frau, die gesehen hatte, wie man die Toten in das Dorf gebracht hatte, erzählte dem Vater, was sie gesehen hatte. „Sie glauben nicht, wie ihre Körper ausgesehen haben. Sie sahen nicht wie Menschen aus. Sie hatte riesige Köpfe!" Und sie zeigte mit ihren beiden Händen wie groß die Köpfe gewesen waren. „Die Fische hatten schon einen Teil von ihnen gefressen und die Kinder haben nur laut geschrien, als sie die Toten sahen!"

Der Alte zeigte sich nur wenig beeindruckt. Es war nicht das erste Mal, dass so etwas passierte. „Wahrscheinlich waren sie schon seit November im Meer.", sagte er ohne großes Interesse.

Der Junge stand schweigend neben seinem Vater. Aber sobald er konnte, ging er wieder zum Deich hinaus. Was er dort wollte, ist schwierig zu sagen. Vielleicht hoffte er, einen weiteren Toten zu finden oder vielleicht war es nur das Gefühl, dass der Tod diesen Ort besucht hatte. Er lief und lief, bis er einsam und allein auf dem Deich stehen blieb. Außer ihm waren dort nur der Wind, die Vögel und das Meer.

Hauke sah mit seinen scharfen Augen um sich herum. Aber von Toten war nichts mehr zu sehen.

Warum es wichtig ist, ehrlich zu sein – Oscar Wilde

1. Akt

Szene

Das Frühstückszimmer von Algernons Wohnung in der Halbmond-Straße. Im Raum gibt es viele luxuriöse und kunstvolle Möbel. Man kann ein Piano hören, das in einem anderen Raum gespielt wird.

[Lane deckt den Tisch für den Tee und nachdem die Musik aufgehört hat, kommt Algernon in das Zimmer.]

Algernon: Haben Sie gehört, wie ich Klavier gespielt habe, Lane?

Lane: Ich denke, dass ich nicht zuhören sollte. Es ist nicht höflich, Herr.

Algernon: Es ist sehr schade, dass Sie so denken. Für Sie, meine ich. Ich spiele nicht perfekt – jeder kann perfekt spielen – aber ich spiele mit Herz und Gefühl. Herz und Gefühl sind meine Stärke, Perfektion ist etwas für die Wissenschaft. Und die Wissenschaft ist für das Leben und nicht für die Kunst.

Lane: Natürlich, Herr.

Algernon: Und da wir gerade von der Wissenschaft des Lebens sprechen, haben Sie die Gurkenbrote für Lady Bracknell geschnitten?

Lane: Natürlich, Herr.

Algernon: [Er sieht sich die Brote genau an, nimmt zwei und setzt sich auf das Sofa] Oh! … Fast hätte ich es vergessen. Donnerstag, das war der Tag, als Lord Shoreman und Mr. Worthing mit mir zu Abend gegessen haben, richtig? Ich habe in ihrem Buch gesehen, dass acht Flaschen Champagner an diesem Tag als 'getrunken' notiert sind.

Lane: Richtig, Herr. Acht Flaschen und ein Bier.

Algernon: Warum trinken die Angestellten in einem Single-Haushalt wie meinem so viel Champagner? Ich frage nur, weil es mich interessiert.

Lane: Ich würde sagen, dass es in Single-Haushalten den besten Champagner gibt. Ich habe schon oft gesehen, dass in Haushalten von Ehepaaren nur noch mittelmäßiger Champagner serviert wird. Richtig guten Champagner gibt es nur noch manchmal.

Algernon: Oh mein Gott! Ist das Leben als Ehepaar wirklich so traurig?

Lane: Ich glaube, dass es in Wirklichkeit ein sehr glückliches Leben ist. Ich habe persönlich sehr wenig Erfahrung und kann nicht so viel sagen. Ich war bis jetzt nur einmal verheiratet. Und diese Ehe war ein Missverständnis zwischen mir und einer jungen Person.

Algernon: [Gelangweilt] Ich glaube nicht, dass ich mich für ihr Familienleben interessiere, Lane.

Lane: Nein, Herr. Es ist auch kein interessantes Thema. Ich interessiere mich auch nicht dafür.

Algernon: Natürlich nicht. Ich kann Sie gut verstehen. Das ist alles, Lane, danke.

Lane: Danke, Herr. [Lane geht aus dem Zimmer]

Algernon: Lane hat eine wirklich eigenartige Perspektive beim Thema Ehe. Ich glaube, meine Angestellten sollten ein bisschen mehr Moral haben! Warum bezahle ich sie, wenn sie nicht einmal ein gutes Beispiel für mein eigenes Leben geben können? Wenn ich nur daran denke, dass wahrscheinlich die ganze Arbeiterklasse in diesem Land so denkt! Ich brauche Angestellte, die wissen, was ihre moralische Verantwortung ist!

[Lane kommt ins Zimmer]

Lane: Mr. Ernest Worthing.

[Jack kommt ins Zimmer]

[Lane geht aus dem Zimmer]

Algernon: Wie geht es dir, mein lieber Ernest? Was bringt dich in die Stadt?

Jack: Oh, Spaß und Vergnügen. Warum sollte ich sonst mein Haus verlassen? Ich sehe, wie immer hast du etwas zu essen in der Hand, Algy!

Algernon: [Steif] Soweit ich weiß, nimmt man sich in meiner gesellschaftlichen Klasse eine kleine Pause um 5 Uhr, isst ein bisschen und ruht sich aus. Wo warst du in den letzten Tagen?

Jack: [Setzt sich auf das Sofa] Ich bin ein bisschen aufs Land gefahren.

Algernon: Was zum Teufel macht man auf dem Land?

Jack: [Zieht seine Handschuhe aus] Wenn man in der Stadt ist, hat man Spaß. Wenn man auf dem Land ist, ist man der Spaß für die anderen Leute. Es ist ziemlich langweilig.

Algernon: Und wer sind die Leute, für die du der Spaß bist?

Jack: [Entspannt] Oh, Nachbarn, Nachbarn.

Algernon: Hast du nette Nachbarn in deinem Teil vom Shropshire?

Jack: Sie sind absolut schrecklich! Ich spreche nie mit ihnen.

Algernon: Ich bin mir sicher, dass du ein riesen Spaß für diese Leute bist. [Er geht zum Tisch und nimmt ein Gurkenbrot] Übrigens, Shropshire ist deine Gegend, oder?

119

Jack: Hm? Shropshire? Ja, natürlich. Warum stehen so viele Tassen auf dem Tisch? Und Gurkenbrote? Gibt es einen besonderen Grund? Welche Verschwendung! Wer kommt zum Tee?

Algernon: Oh! Niemand Besonderes. Nur Tante Augusta und Gwendolen.

Jack: Großartig!

Algernon: Ja, das ist alles schön und gut. Aber ich fürchte, dass sich Tante Augusta nicht wirklich freuen wird, wenn sie dich hier sieht.

Jack: Darf ich fragen, warum?

Algernon: Mein lieber Freund, so wie du mit Gwendolen flirtest, brauchst du nicht auch noch zu fragen, warum meine Tante dich nicht mehr sehen will. Sogar ich kann diese unmoralische Flirterei nicht mehr sehen! Es ist fast so schlimm, wie wenn Gwendolen mit dir flirtet!

Jack: Ich liebe Gwendolen. Ich bin in die Stadt gekommen, weil ich sie fragen will, ob sie meine Frau werden will.

Algernon: Ich dachte, dass du für Spaß und Vergnügen hier bist? … Ich würde dazu Geschäft sagen.

Jack: [Ironisch] Wie unglaublich romantisch du bist!

Algernon: Ich kann nicht wirklich etwas Romantisches darin sehen, eine Frau um ihre Hand zu bitten. Es ist sehr romantisch verliebt zu sein. Aber es ist auf keinen Fall romantisch, wenn man eine Frau heiraten will. Warum? Weil es passieren könnte, dass die Frau akzeptiert. Normalerweise passiert das auch, glaube ich. Und dann? Dann ist Schluss mit der Romantik. Romantik braucht das Risiko, die Angst zu verlieren, die Unsicherheit. Sollte ich in meinem Leben auf die Idee kommen zu heiraten, werde ich nach der Hochzeit vergessen, dass ich verheiratet bin.

Jack: Ich habe keine Zweifel daran, lieber Algy. Die Scheidungsgerichte wurden für Leute erfunden, die diesen besonderen Typ von Vergesslichkeit nach ihrer Hochzeit entwickeln.

Algernon: Nun, ich denke, dass wir nicht über dieses Thema spekulieren müssen. Scheidungen sind im Himmel erfunden worden – [Jack versucht nach einem Gurkenbrot zu greifen, aber Algernon schlägt auf seine Hand] – Bitte, lass die Gurkenbrote wo sie sind. Ich habe sie speziell für Tante Augusta machen lassen. [Er nimmt ein Brot und isst es]

Jack: Aber du isst doch schon die ganze Zeit!

Algernon: Nun, du kannst das doch nicht vergleichen. Sie ist meine Tante. [Er nimmt einen Teller von unten] Hier, iss ein bisschen Brot mit Butter. Das Brot und die Butter sind für Gwendolen. Gwendolen liebt Brot und Butter.

Jack: [Geht zum Tisch und nimmt sich ein Brot] Ich muss sagen, das Brot und die Butter sind hervorragend!

Algernon: Nun, mein lieber Freund, es gibt keinen Grund so schnell oder so viel davon zu essen. Du verhältst dich, als ob du schon mit ihr verheiratet wärest. Hör genau zu: Du bist nicht mit ihr verheiratet und du wirst es wahrscheinlich nie sein, wenn du meine Meinung wissen willst.

Jack: Warum zum Teufel sagst du das?

Algernon: Das ist ganz einfach. Erstens heiraten Mädchen niemals den Mann, mit dem sie flirten. Die Mädchen denken, dass dieser Mann nicht der Richtige für sie ist.

Jack: Was für ein Unsinn!

Algernon: Es ist kein Unsinn. Es ist die Wahrheit. Hast du dich nie gefragt, warum es so viele männliche Singles in der Gegend gibt? Und zweitens muss ich dir sagen, dass ich dir nicht meine Erlaubnis gebe.

Jack: Deine Erlaubnis!

Algernon: Mein lieber Freund, Gwendolen ist meine Cousine. Und bevor ich dir erlauben kann, meine geliebte Cousine zu heiraten, musst du erst einmal dein Leben aufräumen. Ich denke da an die Geschichte mit Cecily. [Er klingelt]

Jack: Cecily! Was zum Teufel meinst du? Was willst du damit sagen? Ich kenne niemanden mit dem Namen Cecily.

[Lane kommt ins Zimmer]

Algernon: Bringen Sie mir das Zigarettenetui, welches Mr. Worthing das letzte Mal, als er hier zu Abend gegessen hat, im Raucherzimmer vergessen hat.

Lane: Natürlich, Herr. [Lane verlässt das Zimmer]

Jack: Willst du damit sagen, dass du mein Zigarettenetui die ganze Zeit hattest? Warum hast du nichts gesagt? Ich habe es schon verzweifelt gesucht und sogar Briefe an Scotland Yard geschrieben, damit sie mir helfen, es zu suchen. Ich wollte dem ehrlichen Finder viel Geld bezahlen.

Algernon: Das ist eine hervorragende Idee! Gib dem ehrlichen Finder eine ordentliche Summe Geld. Im Moment kann ich ein bisschen Geld extra gut gebrauchen.

Jack: Da das Zigarettenetui schon gefunden wurde oder besser gesagt, niemals verloren wurde, da ich es hier vergessen habe, gibt es auch kein Geld für den Finder.

[Lane kommt zurück in das Zimmer mit dem Zigarettenetui. Algernon nimmt es sofort in die Hand. Lane verlässt das Zimmer wieder]

Algernon: Ich denke, dass das nicht gerecht von dir ist, Ernest. Das hätte ich nicht von dir erwartet. [Er öffnet das Etui und untersucht es genau] Nun gut, egal, es spielt auch keine Rolle. Nachdem ich mir das Etui gerade genauer angesehen habe, habe ich zufällig bemerkt, dass da ein anderer Name geschrieben steht. Es kann also nicht dein Etui sein, sondern es gehört einem anderen Mann.

Jack: Natürlich ist es mein Etui. [Er nähert sich Algernon] Du hast mich viele Male mit ihm gesehen und du hast kein Recht, es zu öffnen und zu lesen, was in ihm geschrieben steht. Hättest du auch nur ein bisschen Klasse, würdest du keine privaten Zigarettenetuis lesen.

Algernon: Oh! Es ist absurd Regeln zu haben, die einem sagen, was man lesen und nicht lesen darf. Mehr als die Hälfte unserer modernen Kultur hängt davon ab, was man nicht lesen sollte.

Jack: Ich weiß das, mach dir keine Sorgen. Aber ich will jetzt nicht mit dir über moderne Kultur diskutieren. Es ist nicht wirklich ein Thema, über das ich mit dir alleine sprechen muss. Ich will nur mein Zigarettenetui zurück.

Algernon: Ja, ich verstehe das. Aber das ist nicht dein Zigarettenetui. Es tut mir leid. Dieses Etui ist ein Geschenk von einer Person mit dem Namen Cecily und du hast gesagt, dass du niemanden mit diesem Namen kennst.

Jack: Nun, wenn du es wirklich wissen willst, Cecily ist meine Tante. Zufrieden?

Algernon: Deine Tante!

Jack: Ja. Eine wundervolle und sympathische, alte Dame. Sie lebt in Tunbrigde Wells. Gib es mir einfach zurück, Algy.

Algernon: [Versucht sich ein bisschen von Jack zu entfernen] Aber warum nennt sie sich 'kleine Cecily', wenn sie deine Tante ist und in Tunbridge Wells lebt? [Er liest] 'Von deiner kleinen Cecily mit Liebe'.

Jack: [Geht zu Algernon und fällt vor ihm auf die Knie] Mein lieber Freund, was ist dein Problem mit diesem Thema? Manche Tanten sind groß und manche Tanten sind klein. Das ist ein Thema, das meine Tante für sich selbst entscheiden sollte. Es ist ihre Sache, ob sie groß oder klein sein will. Du scheinst zu denken, dass jede Tante exakt genauso groß sein muss wie deine Tante! Das ist absurd! Um Himmels Willen, gib mir mein Zigarettenetui zurück! [Er verfolgt Algernon im Raum]

Algernon: Ja. Aber warum nennt dich deine Tante Onkel? 'Von deiner kleinen Cecily mit Liebe für meinen Onkel Jack'. Ich habe kein Problem mit deiner kleinen Tante, absolut nicht, aber warum eine Tante – egal wie groß oder klein sie ist – ihren eigenen Neffen Onkel nennt, das kann ich nicht verstehen. Außerdem heißt du Ernest und nicht Jack, soweit ich weiß.

Jack: Mein Name ist nicht Ernest. Ich heiße Jack.

Algernon: Du hast mir immer gesagt, dass dein Name Ernest ist. Ich habe dich allen meinen Freunden als Ernest vorgestellt. Du antwortest, wenn jemand Ernest zu dir sagt. Du siehst aus wie jemand, der Ernest heißt. Ich habe mein ganzes Leben niemanden kennen gelernt, zu dem der Name Ernest so perfekt gepasst hat, wie zu dir. Es ist absolut absurd, wenn du sagst, dass dein Name nicht Ernest ist. Auf deiner Karte steht Ernest. Hier hast du eine. [Er nimmt eine Karte und beginnt zu lesen] 'Mr. Ernest Worthing, B. 4, The Albany.' Ich werde diese Karte gut aufbewahren, damit ich dich daran erinnern kann, dass du Ernest heißt, falls du es wieder vergessen solltest. [Er steckt die Karte in seine Tasche]

Jack: Nun, mein Name ist Ernest, wenn ich in der Stadt bin und Jack, wenn ich auf dem Land bin. Und das Zigarettenetui wurde mir geschenkt, als ich auf dem Land war.

Algernon: Ja, schön und gut, aber das ändert nicht das Problem mit deiner kleinen Tante Cecily, die dich mein lieber Onkel nennt. Raus mit der Sprache! Hör auf mit den Geschichten und erzähl mir etwas, das ich dir auch glauben kann, mein alter Freund.

Jack: Mein lieber Algy, du sprichst genauso wie mein Zahnarzt. Und man sollte nicht wie ein Zahnarzt sprechen, wenn man kein Zahnarzt ist. Man bekommt einen falschen Eindruck.

Algernon: Ich spreche wie ein Zahnarzt, wenn ich Lust habe wie ein Zahnarzt zu sprechen. Und jetzt, raus mit der Sprache! Erzähl mir die ganze Geschichte. Ich habe schon immer vermutet, dass du eigentlich ein versteckter Bunburist bist. Und wenn ich ehrlich bin: Jetzt bin ich fast sicher.

Jack: Bunburist? Was zum Teufel ist ein Bunburist?

Algernon: Ich werde es dir gleich erzählen. Aber zuerst will ich wissen, warum du Ernest in der Stadt und Jack auf dem Land bist. Sei so freundlich und lass mich nicht länger warten, in Ordnung?

Jack: Nun gut, aber zuerst brauche ich eine Zigarette.

Algernon: Hier hast du eine. [Er gibt ihm eine Zigarette] Und nun, lass mich deine Geschichte hören. Und ich hoffe, dass diese Geschichte außergewöhnlich ist.

Jack: Mein lieber Freund, meine Geschichte ist absolut nicht außergewöhnlich, sondern eigentlich ziemlich gewöhnlich. Der alte Mr. Thomas Cardew, der Mann, der mich adoptiert hat, als ich ein kleiner Junge war, hat mich in seinem Testament zum Verantwortlichen für seine Enkelin gemacht. Ihr Name ist Miss Cecily Cardew. Cecily sagt zu mir Onkel und sie macht das aus Respekt vor mir, aber wahrscheinlich verstehst du nicht viel von Respekt. Sie lebt in meinem Haus auf dem Land und wird von einer wundervollen Dame unterrichtet, Miss Prism.

Algernon: Wenn wir gerade darüber sprechen… Wo ist dieses Haus auf dem Land genau?

Jack: Ich denke nicht, dass du das wissen musst. Ich werde dich sicher nicht einladen… Das Haus ist nicht in Shropshire, so viel kann ich dir sagen.

Algernon: Das habe ich mir schon gedacht, mein lieber Freund! Ich habe schon zwei Mal in ganz Shropshire einen Bunbury-Ausflug gemacht. Und jetzt erzähl weiter. Warum bist du Ernest in der Stadt und Jack auf dem Land?

Jack: Mein lieber Algy, ich bin mir nicht sicher, ob du meine wirklichen Motive verstehen kannst. Du bist kein Mann, der diese Dinge verstehen kann. Wenn man der Verantwortliche von jemand ist, dann muss man hohe moralische Standards bei jedem Thema haben. Es ist deine Pflicht, dich immer und überall moralisch und korrekt zu verhalten. Und wie du dir vielleicht denken kannst, ist ein zu moralisches Leben nicht gut für die körperliche und geistige Gesundheit. Glücklich wird man so nicht! Nun, deshalb habe ich meinen jüngeren Bruder Ernest erfunden. Er lebt das glückliche und sorgenfreie Leben, das ich nicht leben kann. Das ist die Wahrheit, mein lieber Algy, pur und einfach.

Algernon: Die Wahrheit ist selten pur und niemals einfach. Das moderne Leben wäre sehr langweilig, wenn es pur und einfach wäre, und moderne Literatur könnte nicht existieren!

Jack: Vielleicht wäre das besser für die Welt!

Algernon: Vielleicht solltest du etwas anderes als Literatur kritisieren, mein lieber Freund. Lass es am besten sein. Literaturkritik ist etwas für Leute, die nicht zur Universität gegangen sind. Sie machen das dann hervorragend in der Tageszeitung. Aber, was du in Wirklichkeit bist, ist ein Bunburist! Ich habe es gleich gewusst! Und wenn ich das so sagen darf, du bist wahrscheinlich einer der Besten, die ich kennen gelernt habe!

Jack: Was zum Teufel willst du damit sagen?

Algernon: Du hast einen sehr nützlichen jüngeren Bruder erfunden, der Ernest heißt. Der Grund, warum du ihn erfunden hast, ist, dass du durch ihn in die Stadt kommen kannst und machen kannst, was du willst, wann du willst und so oft du willst. Ich habe auch eine Person erfunden, um mein Leben ein bisschen mehr genießen zu können! Sie heißt Bunbury und hat große körperliche Probleme. Sie ist unglaublich wertvoll für mich! Wenn ich Lust habe, aufs Land zu fahren, benutze ich Bunbury. Bunbury hat große gesundheitliche Probleme und ist sehr krank. Ohne Bunbury könnte ich zum Beispiel heute Abend nicht mit dir im Willis zu Abend essen, weil ich eigentlich den Abend mit Tante Augusta verbringen müsste. Ich habe ihr das schon vor mehr als einer Woche versprochen.

Jack: Ich habe dich nicht gefragt, ob du mit mir heute Abend zu Abend essen willst.

Algernon: Ich weiß schon. Immer vergisst du, mir eine Einladung zu schicken. Das musst du wirklich verbessern. Die Leute mögen es nicht, wenn man ihnen keine Einladungen schickt.

Jack: Ich würde sagen, dass du besser mit Tante Augusta zu Abend isst.

Algernon: Ich habe absolut keine Lust mit ihr zu Abend zu essen. Erstens habe ich mit ihr am Montag zu Abend gegessen und ein Mal pro Woche ist mehr als genug für die Familie. Zweitens werde ich bei diesem Abendessen immer wie ein Familienmitglied behandelt, das heißt, entweder bekomme ich keine Frau, oder zwei. Drittens weiß ich genau, dass ich neben Mary Farquar sitzen werde. Diese Frau weiß nicht, wie sie sich beim Abendessen benehmen muss. Sie flirtet den ganzen Abend mit ihrem Mann, der auf der anderen Seite des Tisches sitzt! Kannst du dir vorstellen, wie unangenehm das für mich ist? Das macht man einfach nicht! Und ich sehe das immer öfter in London! Plötzlich fangen verheiratete Paare an, in der Öffentlichkeit miteinander zu flirten! Das ist ein Skandal! Ich kann das nicht sehen. Außerdem will ich natürlich jetzt mit dir sprechen, da ich nun weiß, dass du ein Bunburist bist! Ich muss dir erzählen, welche Regeln wichtig sind!

Jack: Hör auf damit! Ich bin absolut kein Bunburist! Wenn Gwendolen akzeptiert, mich zu heiraten, werde ich meinen Bruder töten. Ja, das werde ich wirklich machen! Ich werde meinen Bruder töten! Cecily interessiert sich zu sehr für meinen Bruder. Ich habe schon keine Lust mehr, ihre Fragen zu beantworten. Ernest muss und wird verschwinden! Und wenn du meine Meinung wissen willst, ich empfehle dir auch deinen Mr. … deinen kranken und schwachen Freund mit dem absurden Namen verschwinden zu lassen.

Algernon: Bunbury verschwinden lassen? Ganz sicher nicht! Wenn du jemals heiratest, wirst du froh sein, wenn du einen Mann wie Mr. Bunbury kennst, der dir hilft das Haus zu verlassen. Ein Mann, der heiratet und Bunbury nicht kennt, hat ein sehr langweiliges Leben vor sich. Aber ich denke nicht, dass deine Heirat so bald ein Thema sein wird.

Jack: Was für ein Unsinn. Wenn ich eine wundervolle Frau wie Gwendolen heirate, und sie ist die einzige Frau, die ich in meinem Leben kennen gelernt habe, die ich heiraten würde, werde ich sicher keinen Bunbury kennen wollen.

Algernon: Nun, dann wird deine Frau sich einen Bunbury suchen. Denke an meine Worte: Bei einem Ehepaar ist die richtige Zahl der Personen drei, nicht zwei.

Jack: [Streng] Mein lieber Freund, das ist eine Theorie, die das korrupte französische Drama in den letzten fünfzig Jahren propagiert hat.

Algernon: Ja, und das glückliche englische Haus hat sie in nur fünfundzwanzig Jahren bewiesen!

125

Jack: Um Himmels Willen, schweig! Was für ein Zynismus! Es ist so einfach zynisch zu sein.

Algernon: Mein lieber Freund, nichts ist einfach in der heutigen Zeit. Es gibt zu viel hässlichen Wettbewerb zwischen den Leuten. [Es klingelt an der Tür] Ah! Das muss Tante Augusta sein. Nur Verwandte und Leute, die Geld wollen, klingeln auf so eine penetrante Weise. Hier ist mein Vorschlag: Ich beschäftige Tante Augusta für zehn Minuten und mache dir den Weg frei und du fragst Gwendolen schnell, ob sie dich heiraten will. Und danach würde ich gern mit dir im Willis zu Abend essen.

Jack: Wenn es sein muss. Einverstanden.

Algernon: Aber du musst dein Versprechen halten. Ich hasse Leute, die ihr Versprechen nicht halten, wenn es ums Essen geht! Ich finde das wirklich schwach von ihnen.

Dr. Jekyll und Herr Hyde – Robert Louis Stevenson

Kapitel 1

Der Rechtsanwalt Herr Utterson war ein Mann, der niemals lächelte. Wenn er sprach, sagte er nur wenige Sätze und er zeigte so gut wie nie, was er fühlte. Er war groß und sehr dünn. Er mochte es nicht, mehr Zeit als nötig mit anderen Menschen zu verbringen. Er war nicht wirklich ein Mann, mit dem man gerne zu Abend aß, aber trotzdem war er auf seine eigene Art und Weise sympathisch. Manchmal, wenn er ein bisschen zu viel Wein getrunken hatte, veränderte sich der Ausdruck seiner Augen und man konnte in ihnen eine Wärme und Freundlichkeit sehen, die man allerdings nie in seinen Worten fand. Viel öfter aber konnte man diese Freundlichkeit in seinem Leben sehen, denn er war ein Mann, der lieber seine Taten als seine Worte für sich sprechen ließ. Er war sehr streng mit sich selbst. Er trank billigen Gin, wenn er alleine war, obwohl er eigentlich die guten Weine liebte. Er genoss es auch, ins Theater zu gehen, aber trotzdem war er seit mehr als 20 Jahren in keinem Theater mehr gewesen. Auch war er sehr tolerant mit den Schwächen der anderen Menschen. Manchmal fragte er sich, was der Grund dafür war, dass die Leute kein ehrliches Leben führten. Aber er war ein Mensch, der den Anderen helfen wollte und er hatte kein Interesse daran, ihnen zu erzählen, was richtig und falsch war. Einer seiner Lieblingssätze war:

„Ich lasse meine Brüder auf ihre Weise den Weg zum Teufel finden."

Für viele Männer, die den falschen Weg im Leben gewählt hatten, war er der letzte ehrliche Mann, den sie auf ihrem Weg in die Hölle trafen. Er behandelte sie immer gerecht und versuchte ihnen zu helfen, wo er konnte. Er wusste, wie er seine Arbeit machen musste. Er versuchte das Richtige zu tun und keine Unterschiede zwischen den Menschen zu machen. Die wenigen Freunde, die er hatte, kannte er schon sein ganzes Leben und er pflegte diese Freundschaften, so gut er konnte. Einer dieser Freunde war Herr Richard Enfield, ein entfernter Verwandter und sehr bekannt in der Stadt. Niemand konnte sich erklären, warum genau diese beiden Männer eine so tiefe Freundschaft verband oder welche die Themen ihrer Gespräche sein konnten. Die Leute, die sie während ihrer Sonntagsspaziergänge beobachteten, berichteten nur, dass sie ohne ein Wort zu sagen, spazieren gingen, gelangweilt aussahen und sich sehr freuten, wenn sie eine andere bekannte Person auf ihrem Weg trafen. Trotzdem waren diese Spaziergänge für die beiden Männer sehr wichtig, was man daran sehen konnte, dass weder Geschäft, noch Vergnügen dieser Aktivität am Sonntagnachmittag im Weg stehen konnten.

Bei einem dieser Spaziergänge kamen sie zufällig in eine kleine Seitenstraße in einem der Geschäftsviertel von London. Die Straße war eng und für eine Stadt wie London ziemlich ruhig, aber unter der Woche gab es viele Geschäfte, die geöffnet hatten. Man sah in den Gesichtern der Leute, dass die Geschäfte ganz gut gingen und sie sogar die Hoffnung hatten, dass die Geschäfte noch besser gehen könnten. Es machte Spaß durch diese Straße zu gehen und sich die Produkte anzusehen und ein bisschen mit den hübschen Verkäuferinnen zu sprechen. Sogar an Sonntagen, wenn die meisten Geschäfte geschlossen waren und die Straße relativ leer war, hatte diese Straße immer noch einen besonderen und eigenen Scharm. Der Unterschied zwischen dieser und den anderen Straßen war, wie ein Feuer im Wald, leicht zu sehen,. Sie war sauber und gepflegt und es war eine dieser Straßen, in denen man sich willkommen fühlte.

Kurz vor dem Ende der Straße, auf der linken Seite, war der Eingang zu einem kleinen Hof. Der Hof war Teil eines dunklen und unheimlichen Hauses. Das kleine Haus hatte nicht ein einziges Fenster und eine Tür im Erdgeschoss war der einzige Weg, um hinein zu gehen. Die Tür war alt und schmutzig und es gab keine Klingel. Man sah, dass seit vielen Jahren niemand mehr Reparationen an diesem Haus gemacht hatte und es durch Wetter und Zeit Jahr für Jahr seine alte Schönheit verloren hatte.

Herr Enfield und der Rechtsanwalt standen auf der anderen Seite der Straße. Sie beobachteten das Haus und Herr Enfield zeigte mit seinem Regenschirm in die Richtung des Hauses.

„Hast du diese Tür schon vorher einmal bemerkt?", fragte er.

Sein Freund sah ihn kurz an und nickte mit dem Kopf, dann sprach er weiter:

„Diese Tür ist Teil einer sehr eigenartigen Geschichte."

„Wirklich?", sagte Herr Utterson, „Welcher Geschichte?"

„Nun, das war so.", sprach Herr Enfield weiter. „Ich kam gerade von einem Ort irgendwo am Ende der Welt zurück – ich glaube, es war ungefähr um 3 Uhr in einer Winternacht – und ich war in einem Teil der Stadt, wo man um diese Uhrzeit nichts und niemand außer den Straßenlampen sehen konnte. Kein Mensch war auf der Straße, alle schliefen tief und fest in ihren Betten. Straße für Straße, nichts und niemand zu sehen, außer den Straßenlampen. Nach einer Weile begann ich, von Zeit zu Zeit stehen zu bleiben. Ich hatte den Eindruck, dass mir jemand folgte. Du kennst das sicher, wenn man in so einer Situation beginnt, Dinge zu hören und zu sehen. Wie ich mir in diesem Moment gewünscht habe, einen Polizisten in der Straße zu sehen! Plötzlich sah ich zwei Personen: einen Mann, der mit

128

schnellen Schritten in Richtung Osten durch den Schnee ging, und ein Mädchen, das vielleicht acht oder zehn war, welches so schnell es konnte eine andere Straße entlang rannte. Nun, mein Freund, das Mädchen rannte an der Ecke in den Mann hinein und fiel auf den Boden. Und nun kommt der fürchterliche Teil der Geschichte: Der Mann versuchte nicht einmal, dem Mädchen zu helfen, sondern lief einfach über ihren Körper und ließ sie laut schreiend am Boden liegen. Ich gebe zu, es klingt nicht so fürchterlich, wenn ich es dir jetzt erzähle, aber glaube mir, es war wirklich schrecklich, es zu sehen. Ich lief zu dem Mann und brachte ihn zurück zu dem schreienden Mädchen, wo schon ein paar Leute standen und versuchten, ihr zu helfen. Den Mann interessierte das alles nicht und er schien kalt und ruhig, wie wenn er mit der Geschichte nichts zu tun hätte. Er sah mich nur kurz an, ein Blick, so voll von Hass, dass ich ihn noch Tage später in meinen Träumen sah. Die Leute waren ihre Familie, wie sie mir sagten. Ein paar Minuten später kam ein Doktor, den jemand gerufen hatte und untersuchte das Kind. Nun, das Kind war nicht verletzt, aber es hatte fürchterliche Angst, so sagte es der Doktor zu uns. Und hier endet die Geschichte, hättest du wahrscheinlich gedacht. Aber es gab da ein kleines Detail, dass ich ziemlich eigenartig fand. Ich mochte den unbekannten Mann vom ersten Moment an nicht. Auch die Familie war natürlich sehr wütend auf ihn. Aber es war die Reaktion des Doktors, die ich mir nicht erklären konnte. Er war ein ganz normaler Doktor, vielleicht vierzig Jahre alt, braune Haare, Bart, nichts Besonderes. Er reagierte wie wir anderen, voller Wut und ich hatte den Eindruck, dass er den Mann getötet hätte, wenn er gekonnt hätte. Ich wusste, was er dachte, und er schien zu wissen, was ich dachte. Aber das war natürlich keine Möglichkeit und wir entschieden uns für die zweitbeste Möglichkeit. Wir sagten ihm, dass wir ihn in dieser Stadt nie wieder sehen wollten, dass wir sein Leben zu Hölle machen würden und er hier nie wieder Arbeit oder ein Bett finden würde. Außerdem mussten wir die Frauen festhalten, denn diese schienen sich nicht für Gesetz oder Konsequenzen zu interessieren und hätten versucht, den Mann zu töten, wenn sie die Gelegenheit dazu gehabt hätten. Ich habe selten so viel Hass un d Verachtung in einem Gesicht gesehen, wie in diesem Moment in den Gesichtern dieser Frauen. Und während der ganzen Zeit, die diese Situation dauerte, stand der Mann neben uns, kalt und emotionslos, ohne ein Wort zu sagen, und sah aus wie der Teufel persönlich.

„Wenn Sie mit dieser Geschichte etwas verdienen wollen", sagte er, „dann kann ich nichts machen. Natürlich habe ich kein Interesse an einem Skandal. Sagen Sie mir, wie viel Sie wollen."

Wir diskutierten mit ihm, bis er bereit war, der Familie des Mädchens hundert Pfund zu bezahlen. Natürlich versuchte er, den Preis nach unten zu drücken, aber ich glaube, er sah in unseren Gesichtern, dass er in großen Schwierigkeiten war und schließlich zeigte er sich mit dem Preis einverstanden.

Danach mussten wir natürlich das Geld mit ihm holen gehen. Und was glaubst du, wohin er uns brachte? Zu diesem verfluchten Haus mit der Tür. Er holte einen Schlüssel aus der Tasche, ging hinein und kam wenige Minuten später wieder zurück mit zehn Pfund in Gold und einem Scheck für den Rest. Den Scheck hatte er mit einem Namen unterschrieben, den ich nicht sagen kann, aber den man in der Stadt gut kennt und den man auch oft in der Zeitung lesen kann. Die ganze Geschichte schien mir ziemlich eigenartig. Ich sagte zu dem Mann, dass ich Zweifel hatte. Meiner Meinung nach geht ein Mann nicht einfach um 4 Uhr morgens in sein Haus ohne Fenster und kommt mit einem Scheck über hundert Pfund zurück. Aber er blieb ganz entspannt und lächelte mich arrogant an.

„Entspannen Sie sich.", sagte er, „Ich werde hier mit Ihnen warten bis die Banken öffnen und dann hole ich das Geld selbst."

Wir beschlossen, dass wir in meinem Haus bis zum Morgen warten würden und so machten sich der Doktor, der Vater des Kindes, unser Freund und ich auf den Weg zu mir nach Hause. Wir frühstückten zusammen und danach gingen wir alle zusammen zur Bank. Ich gab einem Bankmitarbeiter an der Kasse den Scheck und sagte ihm, dass ich der Meinung war, dass der Scheck eine Fälschung war. Aber der Mitarbeiter sagte mir, dass mit dem Scheck alles in bester Ordnung war."

„Wirklich?", sagte Herr Utterson.

„Ich sehe, es geht dir wie mir.", sagte Herr Enfield. „Ja, es ist eine böse Geschichte. Der Mann war eine Person, mit der man keine Zeit verbringen will, ein fürchterlicher Typ. Und die Person, die den Scheck unterschrieben hatte, ist ein sehr bekannter Wissenschaftler und einer von diesen Leuten, von denen man sagt, dass sie viel „Gutes" tun. Aber wer weiß, warum dieser ehrliche Mann für die Tat des Anderen bezahlte. Vielleicht war es auch Erpressung, wer kann das schon wissen."

Als er diesen Satz beendet hatte, fiel er in ein tiefes Nachdenken und sagte nichts mehr, bis er von einer Frage von Utterson wieder geweckt wurde:

„Weißt du, ob der Wissenschaftler in diesem Haus wohnt?"

„Nein, das scheint mir nicht sehr wahrscheinlich.",sagte Herr Enfield. „Aber ich habe mir seine Adresse gemerkt, er wohnt in der Nähe von einem der großen Plätze."

„Und hast du später versucht, ein paar Informationen über das Haus zu bekommen? Ich meine, hast du ein paar Nachforschungen gemacht?", fragte Utterson neugierig.

„Nein, mein lieber Utterson.", war die Antwort. „Ich kann dir nicht genau erklären, warum nicht. Aber etwas an dieser Geschichte gefiel mir nicht und ich wollte nichts mehr mit dem Thema zu tun haben. Im Allgemeinen interessiere ich mich auch nicht wirklich für die Angelegenheiten von anderen Leuten. Ein Geheimnis ans Tageslicht zu bringen, ist ein Thema für sich. Wenn du beginnst, Fragen zu stellen, ist es wie wenn du Steine in der Dunkelheit wirfst. Du weißt nicht, wen oder was du mit deinen Steinen triffst. Manchmal triffst du nichts und es gibt kein Problem. Ein anderes Mal triffst du die falsche Person und es tut dir leid. Und dann triffst du die richtige Person und bringst einen Stein ins Rollen, der in einer Lawine endet und du wünscht dir, dass du diesen verfluchten Stein niemals geworfen hättest. Deshalb gilt für mich das Prinzip: Umso seltsamer, verdächtiger oder mysteriöser eine Geschichte ist, desto weniger will ich mit dieser Geschichte zu tun haben."

„Ein hervorragendes Prinzip!", sagte der Anwalt.

„Aber ich habe mir das Haus und die Umgebung ein bisschen angesehen.", erzählte Herr Enfield weiter. Eigentlich ist es nicht wirklich ein Haus. Es gibt nur diese eine Tür und die wird so gut wie nie geöffnet. Niemand geht hinein und niemand kommt heraus. Niemand, mit Ausnahme des unheimlichen Mannes, mit dem ich während meines nächtlichen Abenteuers das Vergnügen hatte. Auf der anderen Seite des Hauses gibt es drei Fenster im ersten Stock. Sie sind immer geschlossen. Aber jemand scheint sie zu putzen, denn sie sind immer sehr sauber. Außerdem kommt Rauch aus dem Kamin, das heißt, jemand scheint dort zu wohnen. Aber ich bin mir nicht hundertprozentig sicher über dieses Detail, weil es schwierig ist, zu sagen, ob der Kamin zu diesem Haus gehört, oder zu einem Anderen."

Die Freunde gingen für eine Weile ohne ein Wort zu sagen die Straße entlang.

„Enfield", sagte Herr Utterson plötzlich, „Ich denke, dein Prinzip ist ausgezeichnet."

„Ja, das glaube ich auch.", erwiderte Enfield.

„Trotzdem...", fuhr der Anwalt fort. „ich möchte nur noch eine Sache wissen. Aus purer Neugier, verstehst du? Wie heißt der Mann, der das kleine Mädchen so schlecht behandelt hat?"

„Ich sehe keinen Grund, dir das nicht zu erzählen. Sein Name ist Hyde."

„Und wie sieht er aus? Kannst du ihn ein bisschen für mich beschreiben?"

131

„Das ist ehrlich gesagt nicht so einfach. Wenn du ihm gegenüber stehst, fühlst du sofort, dass etwas mit ihm nicht stimmt. Das er gefährlich ist und zu schrecklichen, grauenvollen Dingen fähig ist. Er sieht eigenartig aus und trotzdem kann ich dir nicht sagen, was mir eigenartig scheint. Ich kann ihn vor mir sehen und doch bin ich nicht fähig, ihn dir zu beschreiben."

Die beiden Freunde gingen wieder für eine Weile ohne ein Wort zu sagen, Herr Utterson tief in Gedanken versunken. Schließlich fragte er:

„Und du bist dir ganz sicher, dass dieser Mann einen Schlüssel für das Haus hatte?"

„Mein liebster Utterson.", begann Enfield fast ärgerlich.

„Ja, ja, ist schon gut.", unterbrach ihn Utterson. „Ich kann mir schon denken, dass meine Fragen für dich eigenartig klingen. Weißt du, ich frage dich nach diesen Details, weil ich den Mann kenne, der den Check unterschrieben hat. Die Geschichte hat für mich mehr Bedeutung, als du glaubst. Deshalb möchte ich dich bitten, dass falls du in deiner Erzählung irgendetwas vergessen oder ausgelassen hast, du es mir jetzt erzählst und detailliert beschreibst."

„Hättest du das früher gesagt, hätte ich mir bei meiner Erzählung mehr Mühe gegeben.", sagte sein Freund ein bisschen beleidigt. „Aber ich bin mir relativ sicher, dass ich dir alles ziemlich genau beschrieben habe. Der Kerl hatte einen Schlüssel und er hat ihn immer noch. Ich habe ihn erst vor einigen Tagen gesehen, als er die Tür aufschloss."

Herr Utterson seufzte tief, sagte aber kein Wort.

„Hätte ich nur nichts gesagt! Genau aus diesem Grund mische ich mich nicht in die Angelegenheiten anderer Leute ein und spreche auch nicht über sie. Mein lieber Freund, lass uns nie mehr über das Thema sprechen und es ein für alle Mal begraben."

„Nie wieder."

Die beiden gaben sich die Hand und danach ging jeder seines Weges.

Kapitel 2

Als er Herr Utterson an diesem Abend in seine Wohnung zurück kehrte, war er in einer sehr ernsten, nachdenklichen Stimmung. Obwohl er keinen Hunger hatte, setzte er sich an den Tisch im Esszimmer. An Sonntagabenden pflegte er normalerweise, ein langweiliges und trockenes Buch über Theologie zu lesen, bis die Kirchturm neben seinem Haus zwölf Uhr schlug. Dann ging er gewöhnlich ins Bett und legte sich schlafen. Dieser Abend aber war anders. Nachdem der Tisch abgeräumt war, suchte er sich ein Lampe und ging mit ihr ins Arbeitszimmer. Dort öffnete er einen kleinen Tresor, der hinter einem Gemälde versteckt war und holte einen Umschlag mit Dokumenten heraus. Auf dem Umschlag konnte man lesen: „Doktor Jekylls Testament". Nachdenklich und mit sorgenvollem Gesicht setzte er sich hin und las aufmerksam die Zeilen im Dokument. Das Dokument war von Doktor Jekyll persönlich mit der Hand geschrieben worden. Obwohl Herr Utterson sich einverstanden gezeigt hatte, das Dokument in Verwahrung zu nehmen und in seinem Tresor aufzubewahren, hatte er sich mit aller Entschiedenheit geweigert, beim Schreiben desselben zu helfen. Das Testament regelte das Erbe von Dr. Dr. Dr. Henry Jekyll. Nach seinem Tod sollte sein gesamtes Hab und Gut in den Besitz seines „Freundes und Förderers Herr Edward Hyde" übergehen. Außerdem regelte das Testament auch den Fall, wenn Dr. Jekyll auf unerklärliche Weise verschwinden sollte oder länger als drei Monate nicht mehr zu seinem Haus zurück käme. In diesem Fall würde ebenfalls all sein Hab und Gut in den Besitz von Herr Hyde übergehen, mit Ausnahme einiger kleiner Zahlungen an die Angestellten des Doktors.

Utterson hatte schon lange ein Problem mit diesem Testament gehabt. Es war für ihn wie ein Dorn im Auge. Auf der einen Seite sagte ihm der Anwalt in ihm, dass dieses Testament aus einer rechtlichen Perspektive nicht akzeptabel war. Und auf der anderen Seite sagte ihm sein gesunder Menschenverstand, dass diese Geschichte zum Himmel stank und die Dinge sehr wahrscheinlich nicht so waren, wie sie schienen. Bis zum heutige Tag hatte er diesen Edward Hyde nicht gekannt und nicht einmal ein einziges Mal gesehen. Das war bis zu diesem Zeitpunkt der Grund für sein schlechtes Gefühl in dieser Geschichte gewesen. Aber jetzt kannte er den Mann auch – zumindest aus der Erzählung seines Freundes. Bis heute hatte er sich nicht wirklich etwas unter diesem Mann vorstellen können und es war wie ein dichter, undurchsichtiger Nebel gewesen. Aber jetzt sprang ihm plötzlich ein Wesen in der Gestalt des Teufels entgegen.

„Anfangs habe ich mich gefragt, ob es der Wahnsinn des Doktors war, der dieses Dokument geschrieben hat.", sagte er leise zu sich selbst, während er das Dokument zurück in den Tresor legte. „Jetzt fürchte ich, dass es ein Verbrecher war."

Er beschloss, einen Freund zu besuchen, den berühmten Doktor Lanyon, und ihn nach Informationen zu fragen. Er zog sich an, um aus dem Haus zu gehen und ging zum Cavendish Platz.

„Wenn einer etwas weiß, dann Lanyon. Sicher kann er mir ein wenig Auskunft über das Thema geben." sagte er sich.

Der alte, vornehm und feierlich aussehende Diener des großen Arztes empfing ihn mit größter Höflichkeit und Würde und brachte ihn ins Esszimmer, wo Doktor Lanyon gerade sein Abendessen beendet hatte und allein mit einem Glas Portwein in der Hand saß. Lanyon war ein kleiner und kräftiger, älterer Herr, mit einem fröhlichen Gesicht und schneeweißem, lockigen Haar, der meistens sehr laut, entschieden und voller Leben war. Sobald Utterson ins Zimmer herein kam, sprang er auf und lief schnell in seine Richtung, um ihn herzlich zu empfangen. Für einen Beobachter hätte diese Situation vielleicht übertrieben und seltsam ausgesehen, aber die Herzlichkeit der beiden Männer war ein Ergebnis ehrlicher und tiefer Sympathie. Die beiden waren alte Freunde aus Schul- und Universitätszeiten und kannten sich schon das ganze Leben. Sie hatten großen Respekt und Achtung füreinander und fanden großes Vergnügen darin, sich häufig und lange zu sehen.

Nach einigen Worten über die Geschehnisse des Alltags der letzten Tage, verlor der Anwalt keine weitere Zeit und brachte das Thema, das ihn so sehr beschäftigte, auf den Tisch.

„Lanyon", sagte er, „ich glaube, dass wir beide Henry Jekylls älteste Freunde sind."

„Ich wünschte nur, dass diese Freunde ein bisschen jünger wären.", sagte er mit einem Lächeln im Gesicht. „Aber ja, du hast wahrscheinlich recht. Wir sind wohl seine ältesten Freunde. Aber wie kommst du auf dieses Thema? Ist etwas passiert? Ich habe ihn in letzter Zeit nur sehr selten gesehen."

„Wirklich?", sagte Utterson überrascht. „Ich dachte, dass ihr gemeinsame Interessen hättet, die euch häufig Zeit verbringen ließen."

„Früher war das auch einmal so.", antwortete Lanyon. „Aber ich muss dir ehrlich gestehen, Utterson, dass Jekylls Art und Weise in den letzten Jahren immer wunderlicher und rätselhafter geworden ist. Irgendwas ist mit dem Mann passiert, aber ich kann dir nicht sagen, was es ist. Manchmal scheint es mir, als ob er seinen Verstand verlieren würde. Natürlich interessiere ich mich nach wie vor für jede Neuigkeit, die ich über ihn höre. Ich sehe ihn allerdings kaum noch, wie schon gesagt. Seine falschen Ideen über die Wissenschaft würden aber sogar die besten Freunde dazu bringen, sich zu streiten und nicht mehr miteinander zu sprechen."

Lanyon sprach diesen letzten Satz mit einem Ton in der Stimme aus, dass man glauben musste, dass er wütend oder verärgert war.

Utterson fühlte sich nach den Worten seines Freundes ein bisschen erleichtert.

„Ach", dachte er für sich selbst, „sicher haben sie sich über eine wissenschaftliche Frage gestritten. Gott sei Dank ist es nichts Schlimmeres."

Die beiden Männer saßen für ein paar Minuten schweigend am Tisch. Dann fragte der Anwalt:

„Kennst du einen gewissen Hyde, einen Bekannten, einen … Studenten von Jekyll?"

„Hyde?", wiederholte Lanyon. „Nein, ich habe nie von ihm gehört."

Das war alles, was Utterson erfahren konnte. Der Doktor hatte ihm nicht dabei helfen können, mehr Licht in diese rätselhafte Geschichte zu bringen. Nachdenklich ging er zurück in sein dunkles, einsames Haus. Die ganze Nacht lag er wach und machte kein Auge zu. Schlaflos drehte er sich von einer Seite auf die andere. Er fühlte, dass etwas nicht in Ordnung war. Um 6 Uhr morgens hörte er die nahe Kirchturmuhr schlagen. Bis zu diesem Moment hatte er nur über das Offensichtliche nachgedacht. Er hatte nur in Erwägung gezogen, was seiner Meinung nach wirklich sein konnte. Jetzt aber begann er Bilder zu sehen, die seine Erschöpfung und Fantasie erzeugten und ihn mit Angst und Furcht erfüllten. Alles was ihm sein Freund bei ihrem gemeinsamen Spaziergang erzählt hatte, wurde vor seinen Augen lebendig und er sah die Bilder vor sich so klar, wie wenn er die Situation selbst erleben würde. Er sah die einsamen, hell erleuchteten Straßen der Stadt. Er sah den fürchterlichen Mann, wie er mit unheimlicher Eile die Straße entlang lief. Er sah das Kind, das aus der anderen Richtung kommend auf den Mann zu lief. Dann im nächsten Augenblick, der Moment, in dem sie zusammen stießen, das Kind auf dem Boden lag, vor Angst schreiend und weinend. Der scheußliche Mann ging einfach weiter, ohne zurück zu blicken, als ob das Kind nicht existieren würde. Danach sah er ein großes, schönes Zimmer, voll mit teuren Möbeln. Auf dem Bett in diesem Zimmer sah er seinen alten Freund Henry Jekyll, ruhig schlafend und wahrscheinlich wegen seines Traumes mit einem Lächeln auf dem Gesicht. Plötzlich schlug jemand die Tür mit roher Kraft auf und der Schlafende wachte auf. Vor ihm stand eine dunkle Gestalt, die ihm befahl, auf zu stehen und ihm zu folgen. Es war derselbe Mann wie vorher auf der Straße. Utterson konnte ihn nicht genau sehen, aber seine pure Anwesenheit machte ihm Angst. Er sah die Gestalt, wie sie durch die dunklen Straßen der Stadt lief, eilig, ruhelos, unheimlich, auf der Suche. Dann sah er wieder den Zusammenstoß mit dem Kind und er versuchte verzweifelt das Gesicht des Monsters zu erkennen. Aber er sah nur ein verschwommenes Gesicht, unmöglich etwas zu erkennen…

Utterson konnte es nicht länger ertragen. Er sprang aus seinem Bett und beschloss, nicht eher zu ruhen, bis er Hyde gefunden hatte. Er müsste ihn nur einmal sehen, sagte er sich, um das Geheimnis zu lösen. Am Ende war es vielleicht überhaupt kein Geheimnis und es war seine simple Unwissenheit in

Kombination mit seiner Fantasie, die aus einer harmlosen Geschichte dieses Mysterium machten. Am Ende, wenn alle Zweifel verschwunden waren, würde er über sich selbst lachen, wie es so oft passiert, wenn man einer Geschichte tiefer auf den Grund geht. Vielleicht würde er etwas finden, was ihm dabei helfen würde, Jekylls unverständliche Sympathie für Hyde besser zu verstehen, eine Erklärung für das eigenartige Testament und seinen Inhalt. Aber eines wusste er sicher. Er wollte das Gesicht dieses Menschen sehen, dieses Mannes, der scheinbar nichts fühlte, der nur äußerlich ein Mann war und innerlich eine gefühllose Bestie und sogar im ruhigen und entspannten Enfield nur Wut und Abneigung erzeugt hatte.

Von diesem Augenblick an gab es keinen Tag mehr, an dem Utterson nicht zu irgendeiner Zeit die Tür des unheimlichen Hauses beobachtete. Er war dort früh am Morgen, bevor er in sein Büro ging. Er verbrachte seine Mittagspause in der Menschenmenge der gut besuchten Straße. Und er kehrte zum Haus zurück, wenn es schon dunkel war und der Mond die vom Nebel bedeckte Stadt beleuchtete. Egal wie schlecht das Wetter war, der Anwalt war auf seinem Posten.

„Ich will ihn kennen lernen und wenn es Jahre dauert.", sagte er sich immer wieder.

Endlich eines Tages wurden seine Geduld und seine Ausdauer belohnt.

Es war in einer schönen, kalten Winternacht. Die Straßen waren leer, kein Mensch war zu sehen. Kein Wind wehte, die Laternen brannten hell und ihre Flammen bewegten sich nicht. Es war nach 10 Uhr, alle Geschäfte waren schon eine Weile geschlossen. Es war still und jedes noch so kleine Geräusch war klar und deutlich zu hören. Utterson war erst seit ein paar Minuten auf seinem Posten, als er plötzlich eilige, leise Schritte hörte. Während der vielen Stunden, die er auf seinem Posten Wache gehalten hatte, hatte er sich an das eigentümliche Geräusch gewöhnt, welches Schritte in der Stille der Nacht erzeugen. Normalerweise weckte es deshalb auch nicht seine Aufmerksamkeit. Aber dieses Mal war etwas anders. Utterson fühlte, dass er an diesem Abend für sein Warten belohnt werden würde. Der Erfolg war nahe und er versuchte, sich so gut wie möglich im Schutz der Dunkelheit zu verstecken.

Die Schritte kamen näher und näher, wurden lauter und lauter. Utterson hörte, wie sie in die Straße abbogen und im nächsten Augenblick sah er den Mann. Es war ein kleiner, normal angezogener Mann. Auf den ersten Blick nichts Besonderes. Aber zu seiner Überraschung begann Utterson die gleiche Wut und die gleiche Abneigung gegenüber dem Mann zu empfinden, die ihm schon sein Freund beschrieben hatte. Er hatte keine Erklärung für sein eigenartiges Empfinden. Der Mann ging über die Straße und ging gerade aus auf die unheimliche Tür zu. Er suchte nach etwas in seiner Tasche und zog einen Schlüssel heraus, mit dem er die Tür öffnen wollte.

In diesem Moment verließ Utterson sein Versteck und näherte sich vorsichtig dem Mann. Dann legte er ihm die Hand auf die Schulter und sagte:

„Herr Hyde, wenn ich mich nicht irre?"

Hyde machte einen kleinen Sprung und versuchte ein bisschen Abstand zwischen sich und Utterson zu bringen. Im nächsten Augenblick hatte er aber schon wieder seine Fassung gefunden und fragte den Anwalt mit ruhiger Stimme, ohne ihm ins Gesicht zu sehen:

„Das ist mein Name. Wie kann ich Ihnen helfen?"

„Ich sehe, dass Sie einen Schlüssel für dieses Haus haben.", erwiderte der Anwalt. „Ich bin ein alter Freund von Doktor Jekyll. Ich heiße Utterson und ich bin Anwalt. Ich bin mir sicher, dass Sie meinen Namen schon einmal gehört haben. Ich war gerade in der Nähe und wollte meinen alten Freund besuchen. Wären Sie so freundlich und würden mich herein lassen?"

„Doktor Jekyll ist leider nicht zu Hause, ich muss Sie enttäuschen. Er ist verreist.", antwortete Hyde. Er wollte gerade die Tür aufschließen, hatte dann aber scheinbar eine Idee und fragte den Anwalt, weiter ohne ihm ins Gesicht zu sehen:

„Woher kennen Sie mich?"

Utterson ignorierte seine Frage.

„Herr Hyde. Ich möchte Sie um einen Gefallen bitten."

„Was wünschen Sie?"

„Würden Sie mich ihr Gesicht sehen lassen?"

Hyde schien für einige Augenblicke zu überlegen und zögerte. Dann drehte er sich plötzlich um und sah Utterson für einen kurzen Augenblick direkt ins Gesicht. Trotz und Herausforderung waren in seinen Augen zu lesen.

„Ich danke Ihnen.", sagte Utterson. „Jetzt werde ich Sie wieder erkennen. Wer weiß, vielleicht wird das eines Tages von Nutzen sein."

„Ja.", sagte Hyde. „Und da wir uns nun einmal getroffen haben, will ich Ihnen auch gleich meine Adresse geben."

Er sagte mir eine Straße in einer dunklen Ecke von Soho.

„Gütiger Gott!", dachte Utterson. „Hat er vielleicht verstanden, wer ich bin und gerade an das Testament gedacht?"

Aber auch wenn es so war, verlor er kein Wort über das Thema.

„Und nun würde ich gern wissen, woher Sie mich kennen?", fragte Hyde.

„Sie wurden mir beschrieben."

„Von wem wurde ich Ihnen beschrieben?"

„Wir haben die gleichen Freunde.", antwortete Utterson.

„Die gleichen Freunde? Und wer wären die?"

„Doktor Jekyll zum Beispiel."

„Der Doktor? Der hat mit Sicherheit nicht über mich gesprochen.", sagte Hyde, plötzlich mit Wut in der Stimme. „Sie lügen!"

„Herr Hyde.", antworte Utterson mit ruhiger Stimme. „Ich denke nicht, dass Sie auf diese Weise mit mir sprechen sollten."

Hyde antwortete nur mit einem höhnischen Lachen, drehte sich plötzlich um und mit unglaublicher Schnelligkeit schloss er die Tür auf und verschwand im Haus.

Der Anwalt blieb für ein paar Minuten vor der Tür stehen und bewegte sich nicht. Ein Gefühl von Angst und Unruhe füllte seinen Körper. Dann ging er langsam und nachdenklich die Straße entlang. Von Zeit zu Zeit blieb er stehen und strich sich mit den Fingern durch die Haare, wie jemand, der große Sorgen hat und nicht weiß, was er machen soll. Das Rätsel, das ihm so viel Sorgen machte, war schwierig. Hyde war ein kleiner Mann, fast wie ein Zwerg. Er hatte ein hässliches Lächeln, bei dem man sich sehr unwohl fühlte. Sein Verhalten vorher war eine Mischung aus Schreck, Furcht und Unverschämtheit gewesen, das typische Verhalten eines Verbrechers, den man bei etwas überrascht hat. Er sprach mit leiser, heißerer Stimme, fast ein Flüstern. Es war ganz klar, dass man diesen Mann sofort unsympathisch finden musste. Aber das alles konnte nicht die Abscheu, die Furcht und die Sorge erklären, die Utterson in seiner Gegenwart fühlte.

„Nein.", sagte er sich. „In dieser Geschichte gibt es mehr als ich im Moment sehen kann. Aber was? Ich finde keine Worte, um es zu erklären. Dieser Mann kann nicht menschlich sein, er ist wie ein Gnom oder ein Kobold. Oder habe ich mich vielleicht von Enfields Geschichte so sehr beeinflussen lassen, dass ich jetzt die Wirklichkeit nicht sehen kann? Oder ist dieser Mann wirklich ein so böser, so verdorbener und falscher Mensch, dass ich es sogar in seiner äußeren Erscheinung sehen kann? Ja, so muss es sein! Oh mein armer, alter Henry Jekyll, ich habe noch nie in meinem Leben über eine Person gedacht, dass sie ein Freund des Teufels sein muss, aber dieser Hyde… in ihm steckt der Teufel persönlich!"

Utterson war jetzt am Ende der kleinen Straße angekommen. Er ging um die Ecke und kam auf einen Platz, welcher von schönen, alten Häusern umgeben war. Viele von ihnen hatte schon bessere Tage gesehen. Die meisten der Häuser waren vermietet und man fand in ihnen zweifelhafte Anwälte und betrügerische Agenten und Geschäftsleute. Nur ein Haus auf der anderen Seite des Platzes war in einem guten Zustand und man sah, dass dort eine Familie wohnte. Er ging gerade aus auf die Tür dieses Hauses zu und klopfte an die schwere Tür. Ein Diener öffnete.

„Ist Doktor Jekyll Zuhause, Herr Poole?", fragte der Anwalt.

„Ich bin nicht sicher, Herr Utterson. Aber ich werde sofort nachsehen. Kommen Sie bitte herein.", antwortete der Diener.

Er führte den Anwalt in die Eingangshalle, ein schönes Zimmer mit teuren Teppichen, antiken Möbeln und einem großen Kamin, in dem ein warmes, helles Feuer brannte.

„Wollen Sie im Esszimmer warten?", fragte Poole.

„Nein, ich warte lieber hier.", sagte der Anwalt. Er ging zum Kamin und blieb vor dem warmen Feuer stehen. Jekyll liebte diesen Platz vor dem Kamin. Auch Utterson war der Meinung, dass es der gemütlichste Ort in ganz London war. Aber an diesem Abend, als er vor dem Feuer stand, konnte er sich nicht entspannen. Sein Körper hörte nicht auf, zu zittern und das teuflische Gesicht Hydes verschwand nicht aus seinen Gedanken. In seinen Ohren klang immer noch das teuflische Lachen des Mannes, als er durch die Tür verschwunden war. Er fühlte sich müde, ohne Freude und ohne Grund weiter leben zu wollen. Er blickte in die Flammen und erschrak, als in diesem Moment das hässliche Gesicht Hydes in den Flammen erschien und höhnisch lachte.

„Deine Fantasie spielt dir Streiche, hör auf, dich wie ein kleines Kind zu benehmen."
Er fühlte ein starkes Gefühl der Erleichterung, als Poole endlich zurückkam und ihm mitteilte, dass Jekyll nicht Zuhause war.

„Ich habe gerade gesehen, wie Herr Hyde in das Hinterhaus hinein gegangen ist.", sagte er zu Poole. „Es scheint, dass er einen Schlüssel hat. Hat der Doktor Kenntnis von dieser Tatsache?"

„Ja, der Doktor weiß das und es ist völlig in Ordnung.", antwortete der Diener.

„Der Doktor scheint großes Vertrauen zu Herrn Hyde zu haben.", sagte Utterson nachdenklich.

„Großes Vertrauen, das ist richtig.", sagte Poole. „Wir haben alle die Anweisung bekommen, Herr Hyde zu gehorchen und ihn zu behandeln, als ob er der Doktor selbst wäre."

„Ich kann mich nicht daran erinnern, dass ich Herr Hyde jemals hier im Haus getroffen habe. Ich frage mich, was der Grund dafür ist.", sprach Utterson weiter.

„Der Grund ist, denke ich, dass er ein bisschen schüchtern ist. Er hat nicht gern Gesellschaft und erscheint eigentlich nie, wenn der Doktor Besuch hat. Außerdem benutzt er nie die Eingangstür des Hauses, sondern immer die Hintertür."

„Ich danke ihnen, Poole!"

„Gute Nacht, Herr Utterson!"

Nachdenklich und mit schwerem Herzen machte sich der Anwalt auf den Weg nach Hause.

„Armer Henry Jekyll.", sagte er zu sich selbst. „Er muss in großen Schwierigkeiten sein! Als er jung war, war er wild und kannte oft keine Grenzen. Er liebte das wilde Leben, Parties und Frauen. Aber das sind alte Geschichten von Vorgestern, die Gott ihm sicher schon lange vergeben hat. Was kann nur der Grund dafür sein, dass das Unglück den guten Mann verfolgt? Ist es eine alte Sünde, für die er nicht die Konsequenzen getragen hat? Hat er etwas Schlimmes getan, dass ihn jetzt nicht in Ruhe lässt? Ist es die Strafe für eine Tat, die eigentlich schon weit in der Vergangenheit liegt, längst vergessen und verdrängt, deren Erinnerung schon aus dem Gedächtnis verschwunden ist?"

Dieser Gedanke machte den Anwalt nachdenklich und ließ ihn nicht mehr in Ruhe. Er dachte über sein eigenes Leben nach. Er versuchte sich daran zu erinnern, was er in seinem Leben falsch gemacht hatte, welche Person er schlecht behandelt hatte, welche falsche Entscheidung er getroffen hatte, welche negative Konsequenz er nicht getragen hatte. Wahrscheinlich sind wenige Menschen in der Lage, sich so ruhig und entspannt in ihre eigene Vergangenheit zu begeben, die eigenen Taten mit so viel Selbstbewusstsein zu betrachten, wie Utterson. Doch während er kritisch über sich nachdachte, erinnerte er sich an Dinge, die selbst er lieber im Verborgenen in der Vergangenheit gelassen hätte. Taten, die er lieber nicht begangen hätte, die heute unveränderlich Teil seiner eigenen Geschichte waren. Auf der anderen Seite war er Gott sehr dankbar, dass dieser in seinen Augen immer ein guter Führer in seinem Leben gewesen war und ihm mehr als ein Mal geholfen hatte, die richtige Entscheidung zu treffen und den Versuchungen des Lebens zu widerstehen. Danach wanderten seine Gedanke wieder zurück zu Jekyll und Hyde.

„Diesen Hyde umgibt ein dunkles Geheimnis. Da bin ich mir mittlerweile sicher.", sagte er sich. „Er muss Taten begangen haben, die eine normale Person wie Jekyll wie einen Heiligen aussehen lassen. Diese Geschichte kann so nicht weitergehen! Nur der bloße Gedanke, dass dieser Mann in das Haus von Henry ein- und ausgehen kann, wie er wünscht, macht mir schon Angst. Und ich möchte nicht daran denken, dass er möglicherweise weiß, was in Henrys Testament steht! Vielleicht wird er ungeduldig und beschließt, dass es Zeit ist, nicht mehr zu warten, sondern zu handeln. Ich muss heraus

finden, was das Geheimnis dieses Mannes ist, koste es, was es wolle. Aber dazu muss

Jekyll mich auch lassen...", sagte er gedankenvoll. „Ja, Jekyll muss mich auch lassen..."

Der Inhalt des Testaments und seine möglichen Konsequenzen ließen ihn nicht mehr in Ruhe.

content

cost what it will

Die Schatzinsel – Robert Louis Stevenson

Teil 1 - Der alte Pirat
Kapitel 1 – Der alte Pirat im „Admiral Benbow"

Da die Herren Trelawney, Dr. Livesay und die anderen Männer mich gebeten haben, die Geschichte über die Schatzinsel von Anfang bis Ende aufzuschreiben und nichts zu vergessen, möchte ich im Jahr 1728 mit meiner Geschichte beginnen. Ich werde die ganze Geschichte und alle Details erzählen. Nur eine Sache werde ich nicht sagen. Ich werde nicht erzählen, wo die Schatzinsel zu finden ist, weil es dort immer noch viele Schätze zu finden gibt.

Die Geschichte beginnt im Gasthaus meines Vaters „Zum Admiral Benbow". Zu dieser Zeit wohnte ein alter Pirat in einem der Zimmer. Ich werde diesen Mann nie vergessen. Ich erinnere mich gut an den Tag, als er im Gasthaus ankam. Er war groß und breit, von der Sonne braun gebrannt, seine Kleidung schmutzig. Er hatte eine große Narbe auf der Backe. Er war ohne Zweifel stark betrunken und hatte nicht nur ein Glas Rum zu viel getrunken. Plötzlich begann er zu pfeifen und sah auf das Meer hinaus. Dann begann er zu singen. Es war ein Lied, das ich später noch viele Male hören würde:

> *Fünfzehn Mann auf des toten Manns Kiste,*
>
> *Jo-ho-ho und eine Flasche voll Rum,*
>
> *Schnaps stand immer auf jeder Höllenfahrtliste,*
>
> *Jo-ho-ho und eine Flasche voll Rum.*

Dann klopfte er laut an die Tür und als mein Vater kam, bestellte er ein Glas Rum und trank es, während er wieder nachdenklich auf das Meer hinaus sah.

„Ich mag diesen Ort hier", sagte er schließlich, „und dein Gasthaus ist auch in Ordnung. Der Rum ist hervorragend. Hast du viele Gäste, Kamerad?"

„Nein, leider habe ich nur wenige Gäste.", antwortete mein Vater.

„Sehr gut!", rief der Mann darauf. „Jetzt hast du einen Gast und ich werde hier für eine Weile bleiben. Hey, Junge! Bring meinen Koffer hierher! Schnell! Ich habe nicht den ganzen Tag Zeit!", schrie er laut in Richtung eines Jungens, der seinen Koffer trug. „Ich bin ein einfacher Mann und werde dir keine Arbeit machen. Ich brauche nicht mehr als Rum, Speck und Eier und diesen Hügel dort oben, damit ich die ankommenden und abfahrenden Schiffe beobachten kann. Mein Name ist nicht wichtig, für dich bin ich einfach der Kapitän. Hier hast du ein bisschen Gold. Ich denke, dass das für die erste Zeit genug sein sollte." Er warf drei oder vier Goldstücke auf den Tisch. „Sag mir einfach, wenn du mehr willst."

Obwohl er so schmutzig aussah, seine Kleidung alt und kaputt war und seine Art zu sprechen ziemlich rau war, sah man, dass er kein einfacher Seemann war. Vielleicht war er der Kapitän eines kleinen Schiffes und hatte eine kleine Mannschaft. Der Junge, der seinen Koffer trug, sagte mir, dass er den alten Mann einen Tag vorher am Posthaus getroffen hatte und dass dieser nach den Gasthäusern in der Nähe gefragt hatte. Die Leute hatten dem Mann erzählt, dass das Essen in unserem Gasthaus gut und die Übernachtung billig war und es hier wenige Gäste gab. Das schien den alten Mann überzeugt zu haben und er war hierher gekommen. Das war alles, was wir über ihn herausfinden könnten.

Normalerweise war er ein sehr ruhiger und stiller Gast. Während dem Tag war er draußen und beobachtete mit seinem langen Fernrohr das Meer und die Schiffe. Am Abend saß er neben dem Feuer im Gasthaus und trank starken Rum. Meistens sagte er kein Wort und antwortete nicht einmal, wenn jemand versuchte mit ihm zu sprechen. Er schaute nur böse und machte ein Zeichen, dass man wieder gehen solle. Deshalb ließen wir und auch die Gäste ihn in Ruhe. Jeden Tag fragte er abends als er in das Gasthaus zurückkam, ob ein anderer Seemann in das Gasthaus gekommen war. Wir dachten, dass er vielleicht einen Freund suchte, aber später bemerkten wir, dass er nicht gesehen werden wollte. Wenn zum Beispiel ein neuer Gast im Gasthaus war, versteckte sich der alte Mann hinter dem Vorhang und beobachtete ihn für eine Zeit. Danach setzte er sich auf seinen Stuhl neben dem Feuer und sagte kein Wort. Ich wusste, auf wen er wartete oder besser gesagt, wen er nicht sehen wollte. Eines Tages hatte er mich gefragt, ob ich ihm helfen wolle. Er hatte mir vier silberne Pfennige am ersten Tag jedes Monats versprochen, wenn ich ihm helfen würde. Meine Arbeit war einfach. Ich musste nur die Augen offen halten und ihn sofort informieren, wenn ich einen Mann mit nur einem Bein sehen würde. Wenn ich dann am ersten Tag des Monats zu ihm ging, um meine silbernen Pfennige abzuholen, wurde er wütend und ich rannte schnell in mein Zimmer und versteckte mich. Aber normalerweise überlegte er es sich in den nächsten Tagen, brachte mir das Geld und sagte mir, dass ich weiter die Augen offen halten sollte.

Dieser eigenartige Mann mit einem Bein ließ mich nicht in Ruhe. Ich träumte sogar von ihm. Wenn das Wetter nachts schlecht war und der Sturm und der Regen so laut waren, dass ich kaum schlafen konnte, sah ich ihn immer und immer wieder. Einmal war das Bein an seinem Knie abgeschnitten und ein anderes Mal hatte er das ganze Bein verloren. In meinen Albträumen verfolgte er mich und ich musste

143

so schnell ich konnte rennen, um nicht von ihm gefangen zu werden. Die vier silbernen Pfennige waren ein kleiner Preis für diese schlaflosen Nächte.

Aber obwohl mir die Idee vom Seemann mit einem Bein so viel Angst machte, hatte ich vor dem Kapitän kaum Angst. Manchmal trank er abends zu viel Rum und begann seine Seemannslieder zu singen, ohne sich für die anderen Gäste zu interessieren. Oder an anderen Tagen bestellte er Rum für alle anderen Gäste und die Gäste mussten sich eine Geschichte von ihm erzählen lassen oder mit ihm singen. Alle sangen mit ihm, einer lauter als der andere, weil sie alle Angst vor ihm hatten. Und so hörte man im halben Dorf das Lieblingslied des alten Seemanns:

„Jo-ho-ho und eine Flasche voll Rum."

Der alte Kapitän war gefährlich, wenn er zu viel Rum getrunken hatte und betrunken war. Er schlug mit voller Kraft auf den Tisch, weil er plötzlich Ruhe wollte oder wurde wütend, weil ihn jemand etwas fragte oder nicht fragte und er deshalb der Meinung war, dass die Gäste sich nicht für seine Geschichte interessierten. Niemand konnte ins Bett gehen oder das Gasthaus verlassen, solange er nicht selbst müde war und ins Bett gehen wollte.

Mehr als vor dem Kapitän hatten die Leute Angst vor seinen Geschichten. Es waren Piratengeschichten von Stürmen, Kämpfen, Mord und Raub. Wenn man seinen Geschichten glauben wollte, hatte er sein Leben mit den bösesten Menschen verbracht, die man auf dem Land und auf dem Meer finden konnte. Mein Vater hatte schon Angst, dass er bald keine Gäste mehr haben würde, weil der alte Mann sie so tyrannisierte. Schließlich waren es einfache Leute vom Land, die in unserem Gasthof ihr Bier nach der Arbeit tranken. Ich dachte aber eher, dass der Kapitän gut für das Gasthaus war und die Leute kamen, um ihm zuzuhören. Das Leben hier im Dorf war langweilig und grau und die Abende mit dem Kapitän machten ihr tägliches Leben interessanter.

Auf der anderen Seite hatte der alte Mann bald kein Geld mehr. Er wohnte schon seit einigen Monaten in unserem Gasthaus und konnte meinen Vater nicht mehr bezahlen. Aber mein Vater hatte zu viel Angst vor ihm, um ihm sein Zimmer wegzunehmen und ihn auf die Straße zu setzen. Und wenn er es versuchte, sah ihn der Kapitän wütend an, schlug laut auf den Tisch und schrie, dass er ihn bald bezahlen würde. Mein Vater rannte danach nur so schnell er konnte aus dem Zimmer und versteckte sich in der Küche.

Solange der Kapitän in unserem Gasthaus lebte, trug er immer die gleiche Kleidung und dachte nicht daran, sie einmal zu waschen. Wenn seine Kleidung ein Loch hatte, nahm er Nadel und Faden und versuchte sie selbst zu reparieren. Er schrieb nicht und bekam auch keine Briefe und wenn er nicht betrunken war, sprach er auch mit keinem Menschen. Und was er in seinem großen Koffer transportierte, war sein Geheimnis. Er war immer verschlossen und niemand wusste, was in ihm war.

Ich erinnere mich nur an eine einzige Situation, in der eine andere Person keine Angst vor dem Seemann zeigte. Es war zu der Zeit, als mein Vater schon so krank war, dass sein Leben nicht mehr lange dauern würde. Dr. Livesay war an einem Nachmittag in das Gasthaus gekommen, um meinen kranken Vater zu besuchen und meine Mutter servierte ihm gerade etwas zu essen. Der alte Kapitän saß auf seinem Stuhl und war schon stark betrunken. Die beiden Männer konnten nicht unterschiedlicher sein. Auf der einen Seite der stinkende, schmutzige, alte Mann und auf der anderen Seite der saubere, gut riechende und junge Doktor. Plötzlich begann der alte Seemann wieder zu singen:

> *Fünfzehn Mann auf des toten Manns Kiste,*
>
> *Jo-ho-ho und eine Flasche voll Rum,*
>
> *Schnaps stand immer auf jeder Höllenfahrtliste,*
>
> *Jo-ho-ho und eine Flasche voll Rum.*

Am Anfang hatte ich immer gedacht, dass der Kapitän von seinem eigenen Koffer sprach, wenn er von „*des toten Manns Kiste*" sprach. In meinen Albträumen war der Koffer der Grund, warum der Mann mit einem Bein den alten Mann suchte. Aber nach so vielen Wochen und Monaten interessierte das Lied niemanden mehr. Nur Doktor Livesay hatte das Lied noch nicht gehört, aber es schien ihn mehr zu stören als zu gefallen. Er sprach mit dem Gärtner Taylor über seine Rückenprobleme und Möglichkeiten, um ihm zu helfen. Der Kapitän sang und sang und schien nicht aufhören zu wollen. Dann plötzlich schlug er wieder einmal mit der Hand auf den Tisch, das Zeichen, dass die anderen Gäste jetzt leise sein mussten. Alle Gäste schwiegen sofort und sagten kein Wort mehr. Nur der Doktor sprach weiter mit dem Gärtner und rauchte seine Pfeife. Der Kapitän beobachtete ihn eine Weile, dann schlug er wieder auf den Tisch, sah ihn immer wütender an und schließlich schrie er laut: „Seien Sie endlich still! Wie oft muss ich noch auf den Tisch schlagen?"

„Sprechen Sie mit mir, Herr?", sagte der Doktor. „Hören Sie mir gut zu. Lassen Sie den vielen Rum, bevor es zu spät ist. Die Welt wäre möglicherweise besser, wenn ein schmutziger und stinkender Hund weniger in ihr leben würde, aber das entscheidet der liebe Gott."

Der alte Kapitän wurde fürchterlich wütend und zog ein Messer aus seiner Hosentasche. Er stand auf und ging auf den Doktor zu.

Der Doktor bewegte sich nicht einmal ein bisschen. Ruhig und laut, damit ihn jeder Gast im Raum hören konnte, sprach er schließlich:

„Wenn Sie das Messer nicht sofort wieder in ihrer Hosentasche verschwinden lassen, garantiere und schwöre ich Ihnen, dass Sie spätestens in einer Woche am Galgen hängen werden."

Die beiden Männer sahen sich lange in die Augen, aber der Kapitän hatte wahrscheinlich verstanden, dass der Doktor die falsche Person war, um einen Streit zu beginnen und setzte sich wieder auf seinen Stuhl wie ein geschlagener Hund.

„Und mein Herr", begann der Doktor wieder zu sprechen, „ich werde Sie beobachten lassen. Ich mag es nicht, wenn schlechte Menschen wie Sie es sind in meiner Gegend sind. Wenn ich höre, dass Sie nur das kleinste Problem machen, werde ich wieder kommen und diesen Tag werden Sie nicht vergessen. Denken Sie an meine Worte und vergessen Sie sie nicht!"

Danach nahm der Doktor seinen Mantel und verließ das Gasthaus. Der Kapitän sagte an diesem Abend kein Wort mehr und auch an den nächsten Abenden hörte man ihn nicht mehr sprechen.

Kapitel 2 – Der schwarze Hund kommt und verschwindet wieder

Einige Wochen später passierte die erste von mehreren eigenartigen Geschichten, die am Ende der Grund dafür waren, dass der alte Pirat das Gasthaus verließ. Es war Winter und oft so kalt, dass die Leute nicht mehr aus dem Haus gingen. Meinem Vater ging es immer schlechter und es war klar, dass er wahrscheinlich nicht mehr lange leben würde. Meine Mutter und ich arbeiteten alleine im Gasthaus und hatten so viel Arbeit, dass uns der alte Seemann kaum interessierte.

Es war ein kalter Morgen im Januar, die Sonne war gerade aufgegangen und das Meer war ruhig und sanft. Der Kapitän war früher als normalerweise aufgestanden und machte einen Spaziergang zum Meer hinunter. In der einen Hand hatte er sein langes Fernrohr und in der anderen Hand trug er ein langes Piratenmesser. Ich beobachtete ihn eine Weile bis er bei einem großen Felsen abbog und ich ihn nicht mehr sehen konnte.

Meine Mutter war gerade im Zimmer meines Vaters und ich deckte den Tisch für das Frühstück des Kapitäns, als sich die Tür öffnete und ein Mann herein kam. Ich hatte den Mann noch nie in meinem Leben gesehen. Er war schmutzig und stank und ich sah, dass ihm an einer Hand zwei Finger fehlten. Er sah nicht aus wie ein Seemann, aber ich hatte trotzdem den Eindruck, dass er einer war.

„Guten Morgen, mein Herr. Wie kann ich Ihnen helfen? Möchten Sie etwas trinken oder brauchen Sie ein Zimmer für die Nacht?", fragte ich ihn.

„Bring mir einen Rum, Junge. Mehr brauche ich nicht."

Ich wollte gerade in die Küche gehen, um den Rum zu holen, da rief er mich noch einmal:

„Warte! Komm her, Junge. Ich möchte mit dir sprechen."
Ich blieb stehen und beobachtete ihn aus sicherer Entfernung.

„Für wen hast du den Tisch gedeckt und das Frühstück vorbereitet? Für meinen Maat Bill vielleicht?", fragte er mich.

„Es tut mir leid, Herr, aber ich kennen keinen Maat Bill. Ich habe den Tisch für einen Herr gedeckt, der hier im Haus wohnt. Aber er sagt immer, dass sein Name Kapitän ist.", antwortete ich.

„Ich denke, das ist der Mann, den ich suche, Junge. Aber er ist kein Kapitän. Er hat eine große Narbe auf der Backe, nicht wahr? Er trinkt viel zu viel Alkohol und macht immer Probleme, wenn er betrunken ist. Also, kennst du meinen Maat Bill?", fragte der Mann zum zweiten Mal.

147

„Ja, Herr, er ist draußen und macht einen Spaziergang.", antwortete ich.

„Einen Spaziergang? Wohin ist er gegangen? Kannst du mir den Weg zeigen?"

Ich zeigte mit dem Finger in Richtung des Felsens, wo ich den Kapitän vorher gesehen hatte.

„Ich denke, dass er bald zurück kommen wird."

Ich antwortete noch auf ein paar weitere Fragen des Mannes. Dann sagte er:

„Weißt du was, Junge? Ich glaube, dass mein Maat Bill sicher gern ein Glas Rum trinken wird, wenn er zurück kommt!"

Als er diese Worte sagte, sah ich in seinem Gesicht keine Freundlichkeit und ich war mir sicher, dass der Kapitän sich nicht freuen würde, diesen Mann zu sehen. Aber es war eigentlich auch nicht mein Problem und ich wusste auch nicht, was ich machen sollte. Der Fremde wartete an der Tür des Gasthauses, wie eine Katze, die wartet, dass eine Maus aus ihrem Loch kommt. Ein bisschen später wollte ich auf die Straße hinaus gehen, aber der fremde Mann rief mich sofort zurück. Scheinbar kam ich nicht schnell genug zurück und er schrie noch einmal mit lauter Stimme:

„Verflucht noch mal, Junge! Komm hierher und verlass das Haus nicht!"

Als ich wieder im Haus war, sah er mich mit einem hässlichen Lächeln an und klopfte mir auf die Schulter:

„Ich mag dich, Junge. Du bist in Ordnung. Ich habe auch einen Sohn. Er ist ungefähr so alt wie du. Ich bin sehr stolz auf ihn. Aber ein Junge muss Disziplin haben! Es ist nicht gut, wenn man die Dinge zwei Mal sagen muss."

Er sah wieder zur Tür hinaus und machte dann einen Schritt zurück, in das Gasthaus hinein.

„Mein Maat Bill kommt! Überraschen wir ihn! Komm hierher, Sohn! Und kein Wort!"

Wir versteckten uns hinter der offenen Tür und der Kapitän konnte uns so von draußen nicht sehen. Die Situation gefiel mir nicht und ich hatte ein bisschen Angst, vor allem als ich sah, dass der Fremde ein großes Messer in der Hand hatte. Auch der fremde Mann war nervös, er atmete schnell und war sehr unruhig.

Dann endlich kam der Kapitän in das Gasthaus herein, schloss die Tür hinter sich und ging geradeaus zu seinem Tisch, wo das Frühstück auf ihn wartete.

„Bill."

Der Kapitän erschrak und drehte sich zu uns um. Er hatte keine Farbe mehr im Gesicht und er sah den Fremden an, als ob er einen Geist gesehen hätte. Es war offensichtlich, dass der Fremde nicht sein Freund war und er ihn nicht sehen wollte.

„Bill. Wie geht es dir? Kennst du mich noch? Freust du dich, deinen alten Freund und Kollegen wieder zu sehen? Wir haben uns lange nicht gesehen, nicht wahr.", sagte der fremde Mann.

Der Kapitän sah ihn an und sagte nichts. Scheinbar versuchte er zu überlegen, was er machen sollte.

„Schwarzer Hund!", sagte er endlich.

„Ich sehe, dass du meinen Namen noch weißt.", antwortete der Mann mit seinem hässlichen Lächeln auf den Lippen. „Dein alter Freund und Kollege Schwarzer Hund kommt dich im „Admiral Benbow" besuchen! Bill, Bill, erinnerst du dich an die Geschichte, als ich meine zwei Finger verloren habe?"

Er zeigte dem Kapitän seine Hand, an der die zwei Finger fehlten.

„Nun gut", sagte der Kapitän nach einer kurzen Pause, „du hast mich gefunden. Sag mir, was willst du hier?"

„Bill, Bill, ich sehe, du hast dich nicht verändert.", antwortete der Schwarze Hund. „Junge, bring mir ein neues Glas Rum und dann werden Bill und ich sprechen, direkt und ehrlich, wie alte Schiffskollegen miteinander reden sollten."

Ich rannte in die Küche, um den Rum zu holen. Als ich wieder zurück kam, saßen die beiden schon am Tisch. Der Kapitän saß auf der einen Seite und der Schwarze Hund saß auf der anderen Seite, die näher an der Tür war. Der Kapitän hatte keine Möglichkeit das Haus zu verlassen.

„Gut, Junge, und jetzt verlass das Zimmer und lass die Tür offen. Und versuch nicht unserem Gespräch zu zu hören. Wenn ich bemerke, dass du uns zuhörst, garantiere ich dir, dass du ein Problem hast. Und jetzt raus hier!"

Natürlich versuchte ich mit aller Kraft etwas zu hören, aber die beiden Männer sprachen so leise, dass ich kein Wort verstand. Aber nach einer Weile sprachen sie lauter und ich hörte ein paar Wörter.

„Nein, nein, nein, auf keinen Fall!", hörte ich den Kapitän rufen. Und kurz danach: „Ich sage dir, wenn sie mich hängen wollen, dann hängen alle! Alle! Hast du verstanden?"

Dann plötzlich hörte ich nur noch Lärm und Tische und Stühle flogen durch das Zimmer. Ich hörte zwei Säbel, die gegeneinander schlugen, und einen lauten Schrei. Dann sah ich, wie der Schwarze Hund schnell aus dem Gasthaus hinaus rannte, eine blutende Wunde auf seiner linken Schulter. Der Kapitän hatte seinen Säbel in der Hand und rannte ihm hinterher. Der schwarze Hund war nicht schnell genug und der Kapitän erreichte ihn kurz vor der Straße. Er versuchte den schwarzen Hund mit seinem Säbel zu töten, aber dieser hatte Glück und der Kapitän schlug gegen das Schild von unserem Gasthaus. Noch heute kann man die Stelle sehen, wo das Säbel in das Holz geschlagen hat.

Der schwarze Hund sah seine Chance und rannte so schnell er konnte die Straße entlang. Ein paar Sekunden später war er verschwunden. Der Kapitän sah ihm hinterher und bewegte sich nicht. Dann drehte er sich um und ging ins Haus zurück.

„Jim", rief er, „Rum!"

Er hatte Probleme zu stehen und sah sehr schwach aus.

„Sind Sie verletzt? Brauchen Sie einen Arzt?"

„Rum! Bring mir Rum! Ich muss weg von hier! Schnell! Rum", schrie er weiter.

Ich rannte in die Küche, um den Rum zu holen. Ich war so aufgeregt und nervös, dass ich zwei Gläser auf den Boden fallen ließ. Als ich endlich in das Zimmer zurück kam, lag der Kapitän auf dem Boden und bewegte sich nicht mehr.

Meine Mutter hatte den Lärm gehört und kam die Treppe herunter gelaufen. Sie half mir, den Kapitän in eine bessere Position zu bringen und wir legten seinen Kopf auf ein dickes Kissen. Er atmete sehr laut und seine Augen waren geschlossen.

„Was sollen wir machen? Denkst du, dass er sterben wird?", weinte meine Mutter.

Ich wusste auch nicht, was wir machen sollten. Vielleicht hatte sich der Kapitän während dem Kampf mit dem Fremden verletzt? Ich konnte keine Wunde und auch kein Blut sehen. Ich ging zurück in die Küche und holte den Rum. Dann versuchte ich mit einem Löffel den Rum in den Mund des alten Mannes zu bekommen. Aber er öffnete seinen Mund nicht. Glücklicherweise klopfte es wenig später an der Tür und Dr. Livesay kam herein.

„Herr Doktor! Sie schickt der Himmel! Sehen Sie diesen Mann! Was sollen wir mit ihm machen?", riefen meine Mutter und ich. „Vielleicht hat er eine Wunde?"

„Eine Wunde? Der Mann ist nicht verwundet. Keine Sorge. Er hat einen Herzinfarkt gehabt. Ich hatte das schon erwartet, so viel Rum wie er jeden Tag trinkt! Frau Hawkins gehen Sie zu ihrem Mann und erzählen Sie ihm bitte nichts von dieser Geschichte. Ich werde versuchen, das nutzlose Leben dieses Mannes zu retten. Jim, geh und hole mir bitte eine große Schüssel mit Wasser!"

Als ich aus der Küche mit der Schüssel zurück kam, hatte der Doktor das Hemd des alten Mannes aufgeschnitten. Seine Arme waren voll mit verschiedenen Tätowierungen. Auf seiner Schulter konnte man einen Namen lesen: Bill Bones.

„Jim, hast du Angst Blut zu sehen? Wir müssen uns das Blut des Mannes ansehen."

„Nein, Herr Doktor.", sagte ich nur.

„Gut, mein Junge. Du musst die Schüssel unter seinem Arm halten. Ich öffne dann seine Ader."

Er öffnete die Ader des alten Seemanns und eine große Menge Blut floss in die Schüssel. Nach ein paar Minuten öffnete der Kapitän wieder die Augen und sah um sich herum. Dann versuchte er plötzlich aufzustehen und rief:

„Wo ist der Schwarze Hund?"

„Hier ist kein schwarzer Hund", sagte der Doktor. „Sie haben zu viel Rum getrunken und einen Herzinfarkt gehabt. Und ich musste mir jetzt die Arbeit machen, ihr nutzloses Leben zu retten. Also, Herr Bones … ."

„So heiße ich nicht."

„Es ist nicht wirklich wichtig, wie Sie heißen.", antwortete der Doktor. „Ein Pirat, den ich kenne, heißt so und weil es einfacher ist, gebe ich Ihnen diesen Namen und Sie werden mir jetzt genau zuhören: Wenn Sie ein Glas Rum trinken, dann ist das kein Problem und wird sie nicht töten, aber wenn Sie glauben, dass Sie fünf oder mehr Gläser trinken müssen, garantiere ich Ihnen, dass Sie bald tot sein werden. Und jetzt stehen Sie bitte auf. Ich werde Ihnen helfen in ihr Bett zu kommen."

Zusammen versuchten der Doktor und ich den alten Mann die Treppe hoch in sein Bett zu bringen. Erschöpft und müde fiel er in sein Bett.

„Denken Sie daran", sagte der Doktor noch einmal, „wenn Sie sterben wollen, trinken Sie weiter Rum!"

Danach nahm er mich am Arm und wir verließen das Zimmer.

Kapitel 3 – Der schwarze Fleck

Mittags brachte ich dem Kapitän Wasser und Medizin. Er lag in seinem Bett und bewegte sich nicht. Aber er war wach. Er schien sehr nervös zu sein.

„Jim", sagte er, „Du weißt, dass ich dich sehr mag. Du bist ein guter Junge, das wusste ich schon, als ich dich das erste Mal gesehen habe. Jeden Monat habe ich dir deine vier silbernen Pfennige bezahlt. Ich brauche wieder deine Hilfe. Du siehst, ich liege hier im Bett, ich bin schwach und kann mich kaum bewegen. Ich brauche ein Glas Rum, um mich besser zu fühlen. Sei ein guter Junge, geh in die Küche und hol mir ein Glas."

„Der Doktor hat gesagt, ...", begann ich.

„Der Doktor. Mir ist egal, was der Doktor sagt. Diese Doktoren sind alle keine richtigen Männer. Was weiß dieser Doktor über den Körper eines Seemanns? Ich war in so vielen Ländern, ich habe so viele Leute sterben gesehen, was weiß der Doktor hier in seinem kleinen Dorf über die Welt und seine Krankheiten? Nichts. Ich sage dir, ich habe früher wochenlang nichts anderes getrunken als Rum. Ich habe nichts gegessen, kein Wasser getrunken und keine Frau in meinen Armen gehabt. Mein einziger Freund war der Rum und er war mir immer ein guter Freund. Und jetzt kommt so ein Dorfdoktor und will mir erzählen, dass der Rum nicht gut für mich ist? Zum Teufel mit dem Doktor. Siehst du meine Hände? Sie zittern ohne Pause. Ich brauche ein bisschen Rum, um meinen Körper zu beruhigen. Danach wird es mir viel besser gehen. Dieser verfluchte Doktor weiß nicht, von was er spricht. Ohne meinen Rum fange ich an zu fantasieren und ich sehe Dinge, die hier nicht sein sollten. Vorher habe ich zum Beispiel den alten Flint dort drüben gesehen. Den alten Flint! Jim, sei ein guter Junge, bring mir ein Glas Rum. Der Doktor hat selbst gesagt, dass ein Glas Rum nicht gefährlich ist. Nur ein Glas Rum und nicht mehr! Ich gebe dir ein ganzes Goldstück, mein Junge!"

Ich sah ihn an und überlegte, was ich machen sollte. Der alte Mann lag in seinem Bett und sah wirklich schlecht aus. Der Doktor hatte gesagt, dass ein Glas Rum kein Problem war, aber trotzdem hatte ich Angst, dass ein Glas zu viel sein könnte. Schließlich beschloss ich, den Worten des Doktors zu vertrauen.

„Ich brauche ihr Geld nicht. Geben Sie besser meinem Vater das Geld, dass Sie ihm schulden.", sagte ich, „Ich werde Ihnen ein Glas holen, aber wirklich nur ein Glas."

Ich ging in die Küche und holte ihm ein Glas mit Rum. Ich gab ihm das Glas und er trank es so schnell, wie ein Mann, der seit ein paar Tagen kein Wasser mehr bekommen hatte.

153

„Danke, Junge. Jetzt fühle ich mich schon viel besser. Bring mir ein zweites Glas, ich glaube, mein Körper braucht noch ein bisschen mehr. Wie lange muss ich hier in diesem Bett bleiben, hat der Doktor gesagt?"

„Mindestens eine Woche, vielleicht länger.", antwortete ich.

„Eine Woche? Zum Teufel mit dem Doktor und seinen Ideen. Ich kann nicht für eine Woche in diesem Bett bleiben. Der Schwarze Hund wird hierher kommen und mich finden. Sie wollen mein Gold rauben, weil sie kein Gold mehr haben. Aber ich habe keine Angst! Wenn sie hierher kommen, werden sie mich kennen lernen! Wenn sie Probleme brauchen, werden sie sie bekommen!"

Während er das sagte, war er aufgestanden und hatte mich am Arm gepackt, um nicht auf den Boden zu fallen. Er war so schwach, dass er kaum stehen konnte. Er setzte sich wieder auf das Bett.

„Was hat dieser verfluchte Doktor mit mir gemacht? Warum bin ich so schwach? Alles dreht sich. Hilf mir, Junge, ich will mich wieder ins Bett legen."

Er ließ sich wieder in sein Kissen fallen und sagte für ein paar Minuten nichts mehr.

„Jim!", sagte er schließlich, „Hast du den Seemann heute gesehen?"

„Den Schwarzen Hund?", fragte ich.

„Ja, der Schwarze Hund.", sagte er. „Das ist ein sehr böser Mensch. Aber glaub mir, die Anderen sind noch viel böser und gefährlicher. Sie werden mir den schwarzen Fleck schicken und weißt du, warum? Weil sie meinen alten Koffer wollen! Hör zu! Setz dich auf ein Pferd – du kannst reiten, Junge, nicht wahr? - und reite zu diesem Feigling von Doktor. Sag ihm, dass er alle Männer mit Waffen, die er hat, hierher bringen soll und dann beenden wir diese Geschichte endlich. Dann können sie hierher kommen, diese Ratten, die ganze Mannschaft vom alten Flint. Alle, die noch leben. Ich war der erste Maat vom alten Flint und ich habe seine Karte. Er hat sie mir gegeben, als er im Sterben lag, so wie ich jetzt hier im Bett. Aber das ist unser Geheimnis. Du darfst kein Wort sagen, zu niemandem, egal, was passiert. Versprochen?"

„Kapitän, was ist der schwarze Fleck?", fragte ich vorsichtig.

„Das ist wie eine Einladung, aber leider nicht für einen Geburtstag. Ich werde dir das besser erklären, wenn sie mir den schwarzen Fleck geschickt haben. Du musst mir helfen, Jim. Beobachte die

Leute und sag mir, wenn du etwas siehst, was nicht normal ist. Ich werde meinen Schatz mit dir teilen, ich gebe dir mein Wort!"

Er sprach für ein paar Minuten länger, dann wurde er schwächer und schwächer und nachdem ich ihm seine Medizin gegeben hatte, schlief er schnell ein. Ich verließ das Zimmer und ging hinunter in die Küche, um mit der Arbeit im Gasthaus weiter zu machen. Wahrscheinlich hätte ich die Geschichte dem Doktor erzählen sollen. Ich hatte Angst wie noch nie in meinem Leben. Der Kapitän hatte mir sein Geheimnis verraten und ich hätte es besser nicht gehört. Vielleicht würde der alte Seemann Morgen denken, dass es eine schlechte Idee gewesen war, mir von seinem Koffer zu erzählen. Und was würde er dann machen? Wahrscheinlich würde er mich töten. Aber ich vergaß dieses Problem sehr schnell, weil an diesem Abend plötzlich mein armer Vater starb. Ich war sehr traurig und hatte so viel Arbeit mit den Vorbereitungen für das Begräbnis meines Vaters und dem Gasthaus, dass ich keine Zeit hatte, um über den Kapitän, seinen Koffer oder die anderen Piraten nachzudenken oder Angst zu haben.

Nach ein paar Tagen verließ der Kapitän sein Zimmer und kam wieder nach unten. Er setzte sich an seinen Tisch und aß sehr wenig. Aber er trank wieder so viel Rum wie vor seinem Herzinfarkt. Er wartete nicht mehr darauf, dass ich ihm den Rum brachte. Mittlerweile ging er selbst in die Küche und holte sich den Rum. Niemand im Gasthaus hatte den Mut, um ihm das zu verbieten. Am Abend des Begräbnis meines Vaters war er so betrunken, dass er im Gasthaus saß und laut seine Piratenlieder sang. Der Kapitän war sehr schwach und jeden Tag wurde er schwächer. Der Doktor hatte im Moment wenig Zeit und kam fast nie in das Gasthaus. Der alte Seemann hatte jeden Tag größere Schwierigkeiten in sein Zimmer und zurück nach unten zu kommen. Außerdem hatte er viel Gewicht verloren und war jeden Tag dünner. Manchmal öffnete er die Tür, beobachtete für ein paar Minuten das Meer und genoss die frische Meeresluft. Sein Atem war die meiste Zeit schwer und schnell, wie nach einer anstrengenden Arbeit. Er sprach fast nie und es schien, dass er in seinen eigenen Gedanken verloren war. Ich war ziemlich sicher, dass er vergessen hatte, dass er mir seine Geschichte erzählt hatte. Deshalb verlor ich Stück für Stück meine Angst und machte mir wegen dem Kapitän keine Sorgen mehr.

Eines Tages, ich glaube, es war der dritte Tag nach dem Begräbnis meines Vaters, als ich vor der Tür saß und traurig an meinen Vater dachte, sah ich einen eigenartigen Mann die Straße entlang gehen. Es war sehr kalt und das Wetter war neblig und windig. Der Mann war blind, das konnte ich deshalb erkennen, weil er einen Stock in der Hand hatte, mit dem er seinen Weg suchte. Ich konnte sein Gesicht nicht sehen, aber der Mann ging wie ein alter Mann und trug alte, schmutzige und kaputte Kleidung. Wahrscheinlich war er früher ein Seemann gewesen. Langsam näherte er sich und als er nur noch ein paar Meter von mir entfernt war, rief er:

„Mein Freund, möchtest du einem alten, blinden Mann helfen und ihm sagen, wo er ist? Ich glaube, ich habe mich verlaufen."

„Mein Herr, Sie sind hier vor dem Gasthaus „Admiral Benbow" an der nördlichen Küste."

„Ich höre eine Stimme. Die Stimme eines jungen Mannes. Gib mir deine Hand und hilf mir in das Gasthaus hinein."

Ich gab ihm meine Hand und wollte dem alten, schwachen Mann helfen, aber in diesem Moment packte der Mann meine Hand mit voller Kraft und ich bemerkte, dass er kein alter, schwacher Mann war.

„Gut, Junge", sagte der Mann, „Wo ist der Kapitän? Bring mich zu ihm!"

„Herr! Das kann ich nicht machen. Der Kapitän will keinen Besuch haben.", antwortete ich.

„Bring mich sofort zu ihm, Junge, wenn du dein Leben nicht verlieren willst. Ich warne dich, tu, was ich dir sage und mach keinen Unsinn."

„Herr, der Kapitän ist verrückt geworden! Er ist gefährlich. Er hat immer ein Messer in der Hand und sagt, dass er niemanden sehen will!"

„Beweg dich! Bring mich zu ihm und hör auf mir deine dummen Geschichten zu erzählen.", schrie der Mann mit einer kalten und hässlichen Stimme. Der Mann machte mir Angst und ich beschloss zu tun, was er von mir wollte. Ich brachte ihn in das Zimmer, wo der Kapitän vor seinem Glas Rum saß. Der alte, kranke Mann hatte wieder einmal zu viel Rum getrunken und saß betrunken am Tisch.

„Bring mich zu seinem Tisch, Junge, und wenn er mich sehen kann, dann sag ihm, dass ein Freund von ihm hier ist, um ihn zu besuchen."

Der blinde Mann machte mir so viel Angst, dass ich meine Angst vor dem Kapitän vergessen hatte. Ich brachte den blinden Mann näher an den Tisch und sagte dann mit lauter Stimme:

„Kapitän, hier ist Besuch für Sie. Ein alter Freund möchte mit Ihnen sprechen."

Der Kapitän wachte aus seinem Delirium auf und blickte zuerst mich und dann den blinden Mann an. Es schien, dass er in wenigen Sekunden nüchtern geworden war. Er versuchte aufzustehen, aber er hatte nicht die Kraft und setzte sich wieder auf seinen Stuhl.

„Bill, bleib sitzen, du musst nicht aufstehen. Ich sehe nicht, aber ich habe sehr gute Ohren und höre, wenn sich nur ein Finger bewegt. Geschäft ist Geschäft. Gib mir deine linke Hand, Bill. Junge! Nimm seine linke Hand und lege sie in meine rechte Hand."

Ich legte die Hand des Kapitäns in die Hand des blinden Mannes. Dieser legte einen kleinen Gegenstand, den ich nicht sehen konnte, in die Hand des Kapitäns und schloss sie danach.

„Sehr gut. Jetzt hat alles seine Ordnung.", sagte der blinde Mann. Dann drehte er sich um und ließ meine Hand los. Danach lief er mit einer Geschwindigkeit auf die Straße hinaus, die ich nicht erwartet hätte. Schnell entfernte er sich vom Gasthaus und ich konnte ihn nicht mehr sehen.

Der Kapitän und ich sagten für eine lange Zeit kein Wort. Der blinde Mann hatte uns sprachlos gemacht. Dann öffnete der Kapitän seine Hand und sah den Gegenstand genauer an.

„Zehn Uhr", rief er, „sechs Stunden! Nun gut, wenn sie Probleme wollen, dann sollen sie Probleme haben!" Danach stand er schnell auf.

Aber er stand keine Minute, als er sich an die Brust griff, dort wo das Herz ist, kurz vor Schmerz schrie und dann auf den Boden fiel. Ich rief sofort meine Mutter und wir versuchten ihm zu helfen, aber wir konnten nichts machen. Er hatte einen zweiten Herzinfarkt gehabt und dieses Mal war er gestorben. Obwohl ich den Kapitän nicht wirklich gemocht hatte, begann ich zu weinen. Es war der zweite tote Mensch, den ich in wenigen Tagen gesehen hatte und mein junges Herz hatte noch nicht gelernt, den Tod zu ignorieren.

158 – 160 next time.,
hon 24/7 – I musses les class (held on 12/7 when I was all wells
skimmin tool it 24/7

Die Reise zum Mittelpunkt der Erde – Jules Vernes

Kapitel 1 – Professor Lidenbrock

Es war der 24. Mai 1863, ein Sonntag. Professor Lidenbrock, mein Onkel, war sehr in Eile als er nach Hause kam. Wir wohnten in einem kleinen Haus in der Königsstraße 19. Die Straße war eine der ältesten Straßen in Hamburg.

Martha musste glauben, dass sie zu langsam gekocht hatte, weil das Essen auf dem Herd begann gerade erst zu kochen.

„Hoffentlich hat mein Onkel keinen Hunger. Er wird sehr wütend werden, wenn das Essen noch nicht fertig ist und er hungrig ist. Du weißt, wie ungeduldig mein Onkel ist."

„Er ist schon da!", rief Martha hektisch.

„Das Essen muss aber noch ein bisschen kochen. Es ist gerade erst halb 2. Ich habe gerade die Glocke von der Michaeliskirche gehört.", antwortete ich.

„Aber warum kommt Herr Lidenbrock schon nach Hause?", fragte Martha verwundert.
„Ich denke, dass er uns das gleich sagen wird."

„Da kommt er schon! Ich werde mich in der Küche verstecken. Versuchen Sie ihn zu beruhigen.", sagte Martha und lief schnell in die Küche.

Ich blieb allein zurück und dachte darüber nach, wie ich den Professor beruhigen könnte. Ich war selbst ein sensibler und ruhiger Typ Mensch und eigentlich die falsche Person, um einen Mann wie meinen Onkel zu beruhigen. Ich wollte gerade nach oben in mein kleines Zimmer gehen, als ich hörte wie die Haustür sich öffnete und sich schloss. Kurz darauf kam mein Onkel in das Zimmer herein, warf seine Kleidung in eine Ecke und lief gerade aus weiter in sein Arbeitszimmer. Bevor er im Arbeitszimmer verschwand, rief er noch laut:

„Axel, folge mir in mein Arbeitszimmer. Sofort!"

Ich hatte nicht einmal Zeit, um aufzustehen. Schon rief der Professor ungeduldig zum zweiten Mal:

„Axel, worauf wartest du? Ich habe nicht den ganzen Tag Zeit!"

Schnell rannte ich in das Arbeitszimmer meines Onkels. Otto Lidenbrock war eigentlich kein schlechter Mensch. Er war ein bisschen anders als die meisten Menschen, das muss man sagen.

Er war Professor für Geologie und Mineralogie am Johanneum und man konnte dort seine Vorträge besuchen. Es war für ihn nicht so wichtig, ob die Leute etwas in seinen Vorträgen lernten. Seine Vorträge waren mehr für ihn selbst als für die Studenten, die die Vorträge besuchten. Er war von der

Sorte Professoren, die an der Universität arbeiteten, weil diese ihnen die Möglichkeit gab zu studieren und zu forschen und nicht, weil er sein Wissen mit den Studenten teilen wollte. Weiterhin hatte er ein bisschen Probleme mit der Aussprache. So passierte es von Zeit zu Zeit, dass er in seinem Vortrag nicht mehr weiter kam und verzweifelt nach einer Möglichkeit suchte, wie er das schwierige Wort aussprechen könnte. Er wurde immer wütender und wütender, bis er meistens vor Wut explodierte. Natürlich muss man hier sagen, dass die Mineralogie und die Geologie voll mit schwierigen Wörtern sind und wahrscheinlich jeder von uns das eine oder andere große Problem mit dem einen oder anderen Wort hätte.

Die Leute kannten diese Schwäche meines Onkels und machten sich über ihn lustig. Sie versuchten ihn zu provozieren, was sie auch oft schafften. Die Vorträge meines Onkels waren immer voll mit Leuten, aber weniger, weil sie etwas über Geologie oder Mineralogie lernen wollten, sondern weil sie Spaß dabei hatten, meinen Onkel explodieren zu sehen. Trotzdem, man kann über meinen Onkel sagen, was man will, aber in der Geologie und Mineralogie war er einer der besten Köpfe, die das Land zu bieten hatte. Mit seinen Werkzeugen, seinen Chemikalien und seinen Laborutensilien war der Professor ein Genie. Er konnte ohne große Probleme egal welches Metall mit Hilfe seiner Farbe, seines Geruchs oder seines Geschmacks und seiner Konsistenz bestimmen und einordnen.

Deshalb war der Name Lidenbrock in den Schulen, Universitäten und Vereinen sehr bekannt. Viele bekannte Wissenschaftler besuchten den Professor zu Hause oder in der Universität und verbrachten oft Stunden damit, mit ihm zu diskutieren und ihm Fragen zu stellen.

Diese kurze Präsentation kann leider nur ein ungenaues Bild von meinem Onkel geben, aber ich denke, dass sie genügt, um ihn sich mehr oder weniger vorstellen zu können. Dieser Mann war es, der mich ungeduldig in sein Zimmer rief. Ein großer und magerer Mann mit blonden Haaren, der fast niemals krank war und sich einer hervorragenden Gesundheit erfreute. Er hatte große Augen, die neugierig und nervös durch seine Brille blickten und eine lange und feine Nase, mit der er gerne eine Prise Tabak genoss.

Er wohnte in Hamburg in der Königsstraße in einem kleinen, alten Haus, welches zur Hälfte aus Stein und zur anderen Hälfte aus Holz gebaut war. Das Haus war möglicherweise nicht das schönste und modernste Haus, welches man sich vorstellen konnte, aber es war gemütlich und es gab genug Platz für alles. Der Professor war kein reicher Mann, aber er hatte mehr als genug Geld, um zu leben. Das Haus war sein Eigentum und alles, was sich in ihm finden ließ. Dazu gehörten auch die Personen, die neben meinem Onkel dort lebten: sein Patenkind Gretchen, ein siebzehnjähriges Mädchen, Martha, die Köchin und Putzfrau im Haus und ich. Als Neffe und Waisenkind hatte der Professor mich über die Jahre zu seinem Assistenten gemacht. Das heißt, wenn es gefährlich oder schmutzig oder beides wurde, rief er nach mir. Ich muss zugeben, dass ich selbst auch ein großes Interesse für die Geologie und Mineralogie hatte und deshalb wahrscheinlich im absolut richtigen Haus wohnte und der Assistent des richtigen Mannes war. Auch wenn man am Anfang den Eindruck gewinnen konnte, dass der Professor und das Leben in seinem Haus ein wahrer Albtraum sein mussten, war es doch kein schlechtes Leben, welches ich mit meinem Onkel lebte. Letztendlich sah er mich als Familie und liebte mich. Aber der ungeduldige Mann hasste eine Sache: Warten.

Und wenn ich ungeduldig sage, meine ich das auch. Ein Beispiel? Mein Onkel zog an den Blättern seiner Pflanzen, weil er davon überzeugt war, dass sie durch diese Methode schneller wachsen würden. Und um sicher zu gehen, dass seine Pflanzen so schnell wie möglich und in so kurzer Zeit wie möglich wuchsen, nahm er sich jeden Morgen die Zeit, um seinen Pflanzen beim Wachsen zu helfen. Ich denke, dass es deshalb sehr verständlich ist, dass ich nun so schnell ich konnte in sein Zimmer lief.

Kapitel 2 – Ein altes Dokument

Das Arbeitszimmer des Professors ähnelte stark einem Museum. In den Schränken und Regalen konnte man verschiedene interessante Objekte finden: Steine, Mineralien, Instrumente und Werkzeuge, alte Bücher und Dokumente. Alles war ordentlich sortiert, klassifiziert und mit einem Etikett beschriftet.

Wie viel Zeit hatte ich in diesem Zimmer schon verbracht! Meine Liebe für die Geologie und die Mineralogie hatte mich hier viele Stunden verbringen lassen. So viele interessante Steine, Mineralien und faszinierende, chemische Substanzen. So viele Instrumente und Werkzeuge, die die Spielzeuge meiner Kindheit waren, während meine Klassenkameraden draußen Fußball spielten oder im Fluss schwimmen gingen. So viele wunderschöne Erinnerungen meines noch jungen Lebens!

Aber als ich in das Zimmer kam, hatte ich keine dieser alten Erinnerungen im Kopf, sondern nur die Angst davor, was mich in diesem Moment erwartete. Was war nur der Grund dafür, dass mein Onkel so früh und eilig nach Hause gekommen war? In wenigen Minuten würde ich eine Antwort bekommen und ich war mir sicher, dass sie mir nicht gefallen würde.

Mein Onkel saß auf seinem Stuhl hinter seinem Schreibtisch und war mit einem Buch beschäftigt. Voller Begeisterung rief er: „Welch ein Buch! Welch ein Buch!" Ich erinnerte mich daran, dass der Professor nicht nur ein begeisterter Wissenschaftler war, sondern dass er auch alte und verstaubte Bücher liebte wie wenige andere Dinge auf dieser Erde. „Siehst du nicht, welchen wunderbaren Schatz ich in meinen Händen halte? Ich habe dieses Juwel heute Morgen im Laden von Hevelius gefunden."

„Das Buch ist wirklich wunderschön. Und alt. Und verstaubt. Auf jeden Fall ein Schatz.", antwortete ich, nicht wissend, welche Art von Antwort der Professor von mir erwartete. Ehrlich gesagt verstand ich nicht wirklich, was an diesem alten und fast kaputten Buch so großartig sein sollte.

Den Professor schien meine Meinung nicht sehr zu interessieren. Er war mit seinem neuen Buch beschäftigt, welches er in seinen Händen wie ein neugeborenes Baby hielt.

„Ist es nicht wunderschön? Einfach nur wunderschön. Es ist schon so alt und trotzdem ist es in einem so guten Zustand. Wie leicht es in den Händen liegt und wie weich und glatt die Seiten sind. Nach sieben Jahrhunderten hat es kaum einen Schaden und sieht besser aus als so manches Buch in der Universitätsbibliothek. Ich bin so glücklich, dass ich es gefunden habe. Welch ein Glück!"

Weil ich nicht wusste, was ich sagen oder machen sollte, fragte ich den Professor nach dem Titel und dem Inhalt des Buches. Auch wenn diese Informationen mich eigentlich überhaupt nicht interessierten. „Wie ist denn der Titel deines großartigen Buches? Und vor allem, welches Thema behandelt es? Ist es ein Buch über Geologie?", fragte ich ihn.

„Dieses Buch, mein lieber Neffe, ist die *Heimskringla* von *Snorro Sturleson*. Er war der berühmteste Historiker in Island im zwölften Jahrhundert. Das Buch handelt von den Fürsten, die auf Island herrschten. Ein einzigartiges Exemplar, das mir da in die Hände gefallen ist."

„Wirklich? Das ist ja interessant! Welch ein Glück, dass es einen so würdigen neuen Besitzer gefunden hat.", antwortete ich mit gespieltem Interesse und Begeisterung. „Und natürlich hattest du auch Glück und es ist eine deutsche Übersetzung? So weit ich weiß, sprichst du schließlich kein Isländisch oder täusche ich mich?"

„Was will ich mit einer Übersetzung, Neffe? Eine Übersetzung verliert oft die wichtigsten Elemente und Bilder eines Textes, weil es schwierig ist, von einer Sprache in die andere zu übersetzen. Natürlich ist das Buch in isländisch. Und wie du sicher weißt, ist das Isländische eine wunderschöne Sprache, voll mit Bildern, Rhythmus und Klang. Wer würde da schon eine Übersetzung wollen? Am schönsten ist immer das Original!"

„Natürlich hast du Recht, lieber Onkel! Wer würde schon eine Übersetzung wollen?", rief ich in meiner Gleichgültigkeit, um gleich darauf naiv zu bemerken: „Und wie schön sind die Buchstaben!"

„Buchstaben? Was willst du mit Buchstaben sagen, Neffe? Denkst du, dass das Buch gedruckt ist? Nein, du Dummkopf, es ist ein Manuskript, welches mit Runen geschrieben wurde."

„Runen?"

„Runen! Muss ich dir erklären, was Runen sind? Was lernt ihr heute eigentlich in der Schule?"

„Natürlich weiß ich, was Runen sind.", antwortete ich beleidigt.

Aber es war für meinen Onkel nicht wirklich von Bedeutung, ob ich es wusste oder nicht. Für ihn war es eine willkommene Gelegenheit mich mit einem seiner geliebten Monologe zu erleuchten.

„Runen waren Zeichen mit denen man in den alten Zeiten in Island geschrieben hat. Und das schon lange Zeit bevor man begann mit Buchstaben Bücher zu drucken. Man sagt, dass Odin, der Gott der Wikinger, die Zeichen selbst erfunden hat! Komm her und schau dir die göttlichen Zeichen in diesem Buch an."

Anstatt zu antworten, entschied ich mich dafür, auf meine Knie zu fallen. Eine Antwort, die sowohl den Göttern als auch den Königen gefällt.

Doch plötzlich passierte etwas Unerwartetes. Aus dem Buch fiel ein altes, schmutziges Stück Pergament auf den Boden. Nach einem kurzen Moment der Überraschung stürzte sich mein Onkel voller Gier auf das Pergament. Ein altes, schmutziges Stück Papier musste in seinen Augen schließlich entweder enorm wertvoll sein oder ein Geheimnis enthalten oder vielleicht sogar beides! Vorsichtig hob er das Stück Papier auf und legte es auf den Tisch. Es war ein paar Mal gefaltet und deshalb begann er vorsichtig das Papier auseinander zu falten. Das Papier war ungefähr 10 cm lang und 6 cm breit und darauf konnte man mehrere Zeilen mit eigenartigen Zeichen erkennen.

„Es sind auf jeden Fall Runen.", sprach der Professor, nachdem er das Pergament eine Weile betrachtet hatte. Sie sehen genauso aus wie die Runen im Buch von *Snorro*. Aber ich habe keine Idee, was der Text bedeuten könnte."

Da es nicht oft vorkam, dass der Professor etwas nicht verstand, machte mir dieser Satz sogar ein bisschen Freude. Manchmal ist es einfach schön zu wissen, dass sogar die klügsten Köpfe von Zeit zu Zeit keine Ahnung haben. Und der Professor war sicher einer der intelligentesten Menschen unserer Zeit. Er sprach und verstand so viele Sprachen und Dialekte, dass es zu lange dauern würde, diese hier alle aufzuzählen. Doch diese eine, für diesen Text so wichtige, Sprache hatte er nicht gelernt. Ich konnte in seinem Gesicht sehen, wie er immer wütender und zorniger wurde und wartete ängstlich darauf, dass er im nächsten Moment wieder einmal explodieren würde. Es gab nur eine Sache, die er mehr hasste als zu warten und das war, wenn er etwas nicht wusste und ein Problem nicht lösen konnte.

Plötzlich klopfte es an der Tür und Martha kam herein: „Das Mittagessen ist fertig. Kommen Sie bitte, ansonsten wird das Essen kalt."

„Zum Teufel mit dem Mittagessen und mit der Köchin dazu.", schrie mein Onkel wütend und Martha drehte sich schnell um und rannte zurück in die Küche. Dies schien mir eine gute Idee. Ich rannte ihr schnell hinter her und ließ meinen Onkel allein in seiner Wut und seinem Arbeitszimmer zurück. Ich setzte mich an den Tisch und begann zu essen. Martha hatte wie immer ein leckeres Mittagessen zubereitet. Es gab eine Gemüsesuppe, ein saftiges Stück Fleisch mit Kartoffeln und Salat und zum Nachtisch einen süßen Fruchtsalat. Mein Onkel verpasste dieses köstliche Essen und erschien nicht zum Essen. Das alte Stück Pergament musste wirklich sehr wichtig für ihn sein. Ich fühlte mit ihm und beschloss ihn dadurch zu unterstützen, dass ich seine Portion aß. Schließlich war das Essen zu teuer und zu lecker, um es in den Müll zu werfen.

„Das ist kein gutes Zeichen. Das wird schlimm enden. Der Professor hat noch nie sein Essen verpasst. Ich glaube, wir sollten uns Sorgen machen.", prophezeite Martha.

Ich aß gerade meinen letzten Löffel Fruchtsalat, als mich ein lauter Schrei aus dem Arbeitszimmer unterbrach. Sofort sprang ich auf und rannte ins Arbeitszimmer.

163

Kapitel 3 – Das Pergament des Arne Saknussemm

„Ich habe keine Zweifel, dass der Text auf dem Pergament in Runen geschrieben ist.", sagte der Professor nachdenklich. „Und ich werde herausfinden, was sein Geheimnis ist, sonst …"

Und er schlug auf den Tisch, um klar zu machen, wie ernst er es meinte.

„Setz dich auf den Stuhl dort am Tisch und fang an zu schreiben."

So schnell ich konnte, setzte ich mich auf den Stuhl am Tisch und war bereit.

„Ich werde dir jeden Buchstaben unseres Alphabets diktieren, wenn er mit einem dieser Zeichen übereinstimmt. Konzentrier dich und schreib genau das, was ich dir sage!"

Er begann, mir einen Buchstaben nach dem anderen zu diktieren und ich versuchte, alles genau so zu notieren, wie er es mir sagte. Ich schrieb Buchstabe für Buchstabe auf ein Blatt Papier und nach einer Weile konnte man diesen seltsamen Text lesen:

m.rnlls esreuel seecJde

sgtssmf unteief niedrke

kt,samn atrateS Saodrrn

emtnaeI nuaect rrilSa

Atvaar .nxcrc ieaabs

ccdrmi eeutul frantu

dt,iac oseibo KediiI

Als ich fertig war, nahm mein Onkel schnell das Blatt in die Hand auf dem ich geschrieben hatte.

„Was könnte das bedeuten? Was könnte das bedeuten? Was ist das Geheimnis dieses Textes?", wiederholte er mechanisch, immer und immer wieder.

Ich konnte ihm leider nicht helfen. Für mich war dieser Text ohne Sinn und Bedeutung. Aber meine Meinung schien ihn auch nicht zu interessieren. Ohne mich zu fragen sprach er weiter mit sich selbst:

„Es sieht wie ein Code aus. Wie eine Geheimschrift. Wer diesen Text geschrieben hat, wollte nicht, dass man ihn ohne Probleme lesen könnte. Wahrscheinlich muss ich herausfinden, auf welche Weise man die Buchstaben anordnen muss, um den Text lesen zu können. Aber was könnte mir dabei helfen die richtige Reihenfolge heraus zu finden? Ich muss das Geheimnis dieses Textes lösen. Vielleicht spricht der Text von einer großen und wichtigen Entdeckung!"

Ich saß still und leise neben ihm und dachte mir nur, dass wahrscheinlich überhaupt nichts in diesem Text zu finden war und der Professor sowohl seine als auch meine Zeit verschwendete. Aber natürlich sagte ich ihm das nicht.

Der Professor nahm das Buch in die eine Hand und das Pergament in die andere und begann die beiden Texte zu vergleichen.

„Interessant...", murmelte er. „Diese beiden Texte wurden nicht von der gleichen Person geschrieben. Das Pergament wurde später als das Buch geschrieben. Das kann man ganz einfach erkennen, weil das Pergament den Buchstaben *mm* enthält, welcher vor dem vierzehnten Jahrhundert im isländischen Alphabet nicht benutzt wurde. Also ist das Pergament mindestens zwei Jahrhunderte älter als das Buch."

Ich musste zugeben, dass das ziemlich logisch klang. Ein kluger Kopf war er ja, der Professor!

„Das bedeutet, dass das Pergament von einem Besitzer dieses Buchs geschrieben wurde. Aber wer zum Teufel war diese Person? Vielleicht hat er irgendwo im Buch seinen Namen hinterlassen."

Der Professor nahm eine starke Lupe aus einer Schublade seines Schreibtisches und begann wieder das Buch genau zu untersuchen. Auf der vorletzten Seite fand er etwas, das wie ein Tintenfleck aussah. Wenn man aber genauer hinsah, konnte man erkennen, dass es vor langer Zeit einmal Runen gewesen waren. Mein Onkel verstand sofort, dass diese Runen ihm helfen würden, dem Geheimnis näher zu kommen und untersuchte die Zeichen sorgfältig. Nach einigen Minuten sorgfältiger Untersuchung schrie er triumphierend:

„*Arne Saknussemm*! Das ist ein Name und vor allem ist es ein Name, den ich kenne. Es ist der Name eines isländischen Gelehrten des sechzehnten Jahrhunderts. Er war ein berühmter Alchemist!"

Ich sah meinen Onkel mit offenem Mund an.

„ Dieser Alchemist war einer der wenigen echten Gelehrten in dieser Zeit. Er hat großartige Entdeckungen gemacht. *Saknussemm* hat bestimmt eine wichtige Entdeckung in diesem Text versteckt. Daran habe ich jetzt keine Zweifel mehr. Es kann nicht anders sein. Ganz bestimmt."

Um auch etwas Kluges beizutragen, fragte ich den Professor: „Das klingt ja alles logisch und interessant, lieber Onkel. Aber wenn dieser Alchemist eine wichtige Entdeckung gemacht hat, warum hat er sie nicht veröffentlicht? Warum hat er sie dann auf ein Pergament geschrieben und in einem Buch versteckt? Wenn es eine so großartige Entdeckung war, warum wollte er sie geheim halten?"

„Warum? Warum? Woher soll ich das wissen? Hat es nicht Galileo genau so gemacht, weil er Angst vor der Kirche hatte? Aber mach dir keine Sorgen, lieber Neffe. Ich werde das Geheimnis des

Dokuments lösen. Ich werde weder schlafen, noch essen bis ich weiß, was dieser geheimnisvolle Text

bedeutet. Und du auch nicht, Axel!", fügte er hinzu.

„Verflucht!", dachte ich. „Zum Glück habe ich heute Mittag viel gegessen. Wer weiß, wie lange

es dauert, bis der Professor diesen Text verstanden hat."

„Zuerst müssen wir nun heraus finden, in welcher Sprache dieser Text geschrieben ist. Aber das

wird nicht so schwer werden, denke ich. Sehen wir mal. Das Dokument enthält 132 Buchstaben, davon

sind 79 Konsonanten und 53 Vokale. Das ist sehr typisch für südliche Sprachen, die deshalb sehr weich

und melodisch klingen. Nördliche Sprachen benutzen mehr Konsonanten und klingen deshalb härter."

Das klang auch dieses Mal sehr logisch. Ich hatte schon Hoffnung, dass meine nächste Mahlzeit

nicht lange auf sich warten lassen würde. Sobald der Professor die Sprache heraus gefunden hatte,

würde es sicherlich nur eine Frage von Minuten sein, bis er den Inhalt des Texts übersetzen könnte.

„Nun lieber Onkel, welche Sprache ist es? Hast du schon eine Idee?"

„Dieser *Saknussemm* war ein sehr gebildeter und kluger Mann. Da er nicht in seiner

Muttersprache geschrieben hat, muss es wahrscheinlich eine Sprache sein, die die gebildeten Menschen

im sechzehnten Jahrhundert benutzten: Latein. Wenn es diese nicht ist, kann ich es noch mit Spanisch,

Französisch, Italienisch, Griechisch oder Hebräisch versuchen. Aber eigentlich haben die Gelehrten des

sechzehnten Jahrhunderts Latein benutzt, um ihre Texte zu schreiben. Deshalb vermute ich stark, dass

der Text auf Latein geschrieben wurde. Das scheint mir das Logischste.

Ehrlich gesagt, konnte ich mir nicht vorstellen, dass diese eigenartige Folge von Buchstaben

irgendetwas mit Latein zu tun haben könnte. Ich hatte lange Jahre die Sprache der großen Philosophen

gelernt und genossen. Dieser Text hatte überhaupt nichts mit den sanften und klangvollen Versen zu

tun, die ich lieben und schätzen gelernt hatte.

Der Professor nahm das Papier wieder in die Hand und begann es genau zu untersuchen.

„Auf den ersten Blick scheint dieser Text keinen Sinn zu ergeben. Aber ich bin sicher, dass man

nur ein Muster finden muss, um die Buchstaben in die richtige Reihenfolge zu bringen. Vielleicht ist es

etwas Mathematisches, ein Verhältnis oder eine simple Rechnung. Ich bin mir sicher, dass der originale

Text normal geschrieben wurde und danach wurde ein Mechanismus benutzt, um diesen chaotischen

Text zu erzeugen. Man muss nur den Schlüssel zu seinem Geheimnis finden. Axel, weißt du etwas?"

Leider hatte ich keine Antwort auf diese Frage. Ehrlich gesagt, hatte ich die Frage nicht einmal

gehört. Ich war mit meinen Gedanken an einem anderen Ort. Oder besser gesagt, bei einer anderen

Person. An der Wand des Arbeitszimmers des Professor hing ein Bild von Gretchen. Gretchen war seit ein paar Wochen in Altona bei einer Verwandten und ich war, wenn ich ehrlich sein darf, ziemlich traurig darüber. Ich liebte Gretchen und sie liebte mich. Wir waren ein junges Paar voller Liebe, Träume und Zukunftspläne. Wir hatten uns schon vor einer Weile verlobt, ohne dem Professor etwas davon zu erzählen. Der Professor war zu sehr Geologe, um etwas von Emotionen zu verstehen oder überhaupt hören zu wollen. Gretchen war eine wunderschöne, junge Frau mit blonden Haaren, einem starken Charakter und sie war eine Frau, die wusste, was sie wollte. Oh, wie ich diese junge Frau liebte! Und wie ich sie vermisste! Jeder Tag ohne sie schien wie eine Ewigkeit und wollte nicht vergehen. Das Bild meiner geliebten Verlobten hatte mich deshalb aus der wirklichen Welt in die Welt der Träume und Erinnerungen entführt.

Gretchen war eine sehr intelligente Frau, die auch großes Interesse für die Geologie und Mineralogie zeigte. Wie viele Stunden hatten wir schon zusammen im Arbeitszimmer meines Onkels verbracht, während wir wertvolle Steine und seltene Mineralien ordneten und mit Etiketten beschrifteten. Gretchen wusste mehr über Mineralogie als viele Studenten meines Onkels und auch so mancher Gelehrte hätte von ihr etwas lernen können. Sie war eine Person, die vor schwierigen Fragen und Problemen keine Angst hatte, sondern Spaß dabei hatte ihren Kopf zu benutzen. Wie wunderschön das Studium von Steinen und Mineralien war, wenn man es mit einer geliebten Person verbringen konnte.

Nachmittags oder Abends, wenn wir mit unserer Arbeit fertig waren, gingen wir oft gemeinsam spazieren und verbrachten viel Zeit an einer schönen Stelle am Ufer der Elbe, wo man Schwäne und Enten füttern konnte, welche zwischen den weißen Seerosen herumschwammen. Für den Weg zurück nahmen wir danach meistens ein kleines Dampfschiff, welches uns wieder zurück nach Hause brachte.

Mit einem Schlag mit der Faust auf den Tisch holte mich mein Onkel zurück in die Wirklichkeit. Ich begriff, dass es Zeit war zu arbeiten.

„Sehen wir, ob es einen Nutzen bringt, wenn wir die Wörter anstatt horizontal vertikal schreiben. Das ist die erste Idee, die mir einfällt. Axel, schreib irgendeinen Satz auf einen neuen Zettel, aber anstatt die Buchstaben nebeneinander zu schreiben, schreib' sie untereinander. Und mach mit den Buchstaben Gruppen von 5 bis 6 Zeichen."

Ich begriff sofort, was der Professor von mir wollte und begann von oben nach unten zu schreiben.

„Gut", sagte der Professor, ohne das Geschriebene gelesen zu haben, „Jetzt schreibe diese Worte horizontal in einer Linie."

Ich schrieb die neu entstandenen Wörter in einer Linie und bekam dieses Resultat:

Iermtt chdzeech lilise ichinGn ehcher! be,ue

„Hervorragend!", rief mein Onkel freudig und riss mir den Zettel aus der Hand. „Das sieht aus wie der Text auf dem Pergament von *Saknussemm*! Selbst die Großbuchstaben und das Komma sind in der Mitte des Satzes. Ich glaube, dass wir des Rätsels Lösung sehr nahe sind, Axel!"

Auch dieses Mal musste ich sagen, dass mich seine Logik überzeugte.

„Theoretisch muss ich jetzt nur die Buchstabe in die richtige Reihenfolge bringen und ich kann lesen, was du vorher geschrieben hast. Das heißt, ich nehme zuerst den ersten Buchstaben von jedem Wort, dann den zweiten, dann den dritten, usw.."

Und zu meiner und seiner großen Überraschung las mein Onkel:

„Ich liebe dich herzlich, mein gutes Gretchen!"

Ja, ohne es zu wollen, hatte ich diese verräterischen Zeilen geschrieben und dem Professor unser Geheimnis verraten! Ängstlich wartete ich auf seine Reaktion.

„So, so! Du liebst Gretchen?", fragte mein Onkel in einem ziemlich strengen Ton.

„Ja…Nein…Vielleicht…Nein…Ja...", stotterte ich.

„Du liebst also Gretchen!", sagte er noch einmal. Nun gut, machen wir weiter mit den wichtigen Dingen. Benutzen wir die Methode mit dem Dokument."

Mein Onkel war schon wieder so beschäftigt mit dem Dokument, dass er meinen verräterischen Satz schon vergessen hatte. Gott sei Dank! Nichts hätte ich weniger gewollt als eine Diskussion über das Thema mit dem Professor zu führen. Das Thema Liebe war ein Thema, dass ein Kopf wie der des Professors nicht begreifen konnte und es war klüger dieses Thema nicht mit ihm zu diskutieren. Aber zum Glück war das Dokument im Moment von größerer Wichtigkeit.

Mit zitternder Hand nahm der Professor das Pergament in die Hand. Er war sich sicher, dass er nun das Geheimnis des alten Texts erfahren würde. Mit feierlicher Stimme diktierte er mir Buchstabe für Buchstabe in der vermuteten richtigen Reihenfolge. Konzentriert notierte ich das Diktierte.

„Das macht alles keinen Sinn! Verflucht!", schrie mein Onkel. „Das ist immer noch ein sinnloser Text. Was mache ich nur falsch? Ich muss dieses Rätsel lösen."

Danach stand er auf und rannte zur Tür hinaus, ohne zu sagen, wohin er wollte.